13歳からの
ディベートスキル

ロジカルな考え方・話し方が身につく本

名和田 竜 著

はじめに……

みなさんは、ディベートという言葉を聞いたことがありますか？

ディベートとは、あるテーマ（論題）に対して、公の場で討論することを言います。

ディベートは、自分の意見とは関係なく、肯定側（賛成）と否定側（反対）に分かれて、お互いの主張を論じ合い、相手を説得し、審判がジャッジを行うというひとつの競技です。

近年、学校の授業などでも取り入れられるようになってきていますから、みなさんの中にも経験したことがある人もいるのではないでしょうか。

ディベートというと、
「相手を理屈で言い負かす」（これを「論破する」と言います）
「話すのが得意な人や声の大きい人のほうが勝つ」
と思う人も中にはいるかもしれません。

しかし、そもそもディベートの目的は、相手を負かすことではありませんし、大きな声で強く主張したり、弁が立つ人が勝つわけでもありません。

ディベートとは、説得力を競い合うものです。

相手を説得するためには、客観的かつ論理的にものごとを語れるかどうかが重要です。

「客観的に語る」とは、自分の考えや想像ではなく、きちんと調

べた情報や事実をもとに語ることを指します。また、「論理的」とは、話の筋道が通っていて矛盾がないことを言います。

　つまり、事実や正しい情報をもとに、自分の意見を筋道立てて話し、聴く側を説得し、納得・共感させることがディベートのゴールなのです。決して、相手のあげ足を取ったり、理屈で言い負かすことではありません。

　ディベートではテーマ（論題）に対して情報を集め、自分自身で考え、その考えを自分の言葉で表現し伝えることが求められます。

　また、自分の主張を組み立てるためには、相手の話もよく聴かなければなりません。異なる意見であっても、相手の主張をよく聴いて、最終的にはお互い、納得・共感することがディベートのゴールです。

　ですからディベートを学ぶと知らず知らずのうちに「考える力」「聴く力」「表現力」が身につきます。これらの力は、みなさんが大人になってもずっと必要とされる力です。

　本書では、そんなディベートの基本から応用までをやさしく、わかりやすく解説していきます。

　みなさんには、論理的なモノの見方や考え方、伝え方、話を聴く力、質問力を身につけて、かっこいい大人になって欲しいと思います。

名和田　竜

授業を始める前に

サクッと学ぶディベートの基本

▎ディベートとは

あるテーマ（論題）について、
異なる立場に分かれて議論をすること。

▎ディベートには2種類ある

競技ディベート（教育ディベート）	勝ち負けを決めるゲーム（試合）として行う。学校の授業などで行われるのは「競技ディベート」。
実社会ディベート	試合ではなく、実際に何かを決めたり判断をしたりするために行う。たとえば、裁判やアメリカの大統領選挙で行われる討論会などがこれにあたります。

★この本ではディベート＝競技（教育）ディベートとして
　お話ししていきます。

▎競技ディベートでは何を競うの？

- いかに客観性をもって論理的にものごとを語れるか
- 相手をいかに説得し、納得・共感を得られるか

相手のあげ足をとったり、大声で
一方的に主張することではないよ。

■ ディベートの進め方

与えられたテーマ（論題）について、肯定（賛成）側、否定（反対）側に分かれ交互に主張をし、最後に審判がどちらの主張のほうが説得力・納得感があるかを判定します。

☞ 詳しくは1時間目で説明します。

■ ディベートで身につく力

ディベートで身につく力は、社会に出てからも役立ちます。

- 言いたいことをわかりやすく相手に伝える力
- 人の話を集中して聴く力
- ものごとを客観的に見る力
- 相手の主張を正しく理解する力

■ この本で学ぶのは

1時間目 ▶ ディベートの**基礎知識**を学ぶよ！
2時間目 ▶ ディベートに必要な**情報の集め方**を学ぶよ！
3時間目 ▶ 説得力のある**主張の組み立て方**を学ぶよ！
4時間目 ▶ 伝わる**話し方や表現力**を学ぶよ！
5時間目 ▶ 実際にディベートを**疑似体験**するよ！
6時間目 ▶ **判定の仕方**を学ぶよ！
7時間目 ▶ ディベートの目的と重要ポイントを**おさらい**するよ！

※ディベートの進め方やルールは、ディベート大会を主催する団体などによって異なります。本書で紹介する内容はコミュニケーションスキルを磨くことを目的に著者が独自に構成したもので、各団体が提示する手法とは異なる場合があります。あらかじめご了承ください。

目次 13歳からのディベートスキル
ロジカルな考え方・話し方が身につく本

はじめに ……………………………………………………………… 2

【授業を始める前に】サクッと学ぶディベートの基本 …………… 4

1 時間目 ▶ ディベートの基礎知識

ディベートって何？ ………………………………………………… 10

ディベートは何を競う競技？ ……………………………………… 12

ディベートの流れはこうなっている ……………………………… 14

立論ってなあに？ ………………………………………………… 16

尋問ってなあに？ ………………………………………………… 18

反駁ってなあに？ ………………………………………………… 20

最終弁論ってなあに？ …………………………………………… 22

ディベートの論題とは …………………………………………… 24

勝つためには準備が重要 ………………………………………… 26

ディベートに必要な3つの力 …………………………………… 28

2 時間目 ▶ 効率的な情報の収集と整理

ディベートに勝つための情報収集 ……………………………… 32

やってみよう！ 情報収集と情報整理

❶ 論題に合った情報を集める ………………………………… 34

❷ プラス面とマイナス面に分けて整理する ………………… 36

❸ いろいろな立場の人の声に着目する ……………………… 38

3 時間目 ▶ わかりやすい主張の組み立て方

論理的な説明はわかりやすい …………………………………… 44

客観的な説明はわかりやすい …………………………………… 46

ディベートでは論理的で客観的な主張をする ················· 48

論理的に主張を組み立てるには？ ······················· 50

「型」を使いこなそう
❶ 結論を強調できる「PREP法」 ······················· 52
❷ 複数の論点があるときは「NLC法」 ················· 54

ディベートを成功させる3つのポイント ················· 56

4 時間目 ▶ 伝わる話し方

話し上手から学ぼう ··································· 60

自分の言葉で話そう ··································· 70

人前で話すときの具体的なテクニック❶ ············· 72

人前で話すときの具体的なテクニック❷ ············· 74

【シーン別】伝わる話し方講座 ······················· 78

5 時間目 ▶ 実際にディベートをやってみよう！

論題の設定と情報収集 ································· 84

情報整理 ··· 86

肯定立論 ··· 88

尋問の基本とテクニック ······························· 92

尋問の目的 ··· 94

反対尋問をしてみよう ································· 96

反対立論をしてみよう ································· 99

肯定尋問をしてみよう ································· 101

反駁をしてみよう ····································· 103

最終弁論をしてみよう ································· 106

6 時間目　勝敗を判定してみよう

勝敗はどのように決まるの？ ……………………………………………… 110

審判に求められること ……………………………………………………… 112

判定はこうして行われる！ ……………………………………………… 114

フィードバックでしめくくろう ……………………………………………… 120

7 時間目　ディベートから何を学ぶのか？

ディベートの目的とは ……………………………………………………… 124

おわりに ……………………………………………………………………… 127

ちょっとブレイク　Column

ディベート力があなたの未来を変える ……………………………………… 30

みんな違って当たり前と知れば人間関係が楽になる ……………………… 42

緊張しないコツ ……………………………………………………………… 82

アイコンタクトの活用 ……………………………………………………… 108

勝ったから正しいわけではない ……………………………………………… 122

1時間目

ディベートの基礎知識

ディベートとは何か、基本的なことをざっと勉強しましょう。
ディベートに必要な力＝身につく力も学びます。

1 時間目

ディベートって何？

✅ 話し合いによって勝ち負けを決める競技

ディベートとは、あるテーマ（論題）について、異なる立場に分かれて議論（話し合い）をすることです。

あるテーマについて話し合うという点では、ディスカッションと似ているかもしれませんが、大きな違いがあります。

それは、ディスカッションは、自由に意見を言い合い、話し合うことが目的ですが、ディベートは、肯定（賛成）側・否定（反対）側に分かれて、決められたルールに従って議論をし、最後に必ず勝ち負けを決める競技であるということです。

■ ディベートの基本ルール

「ディベート」には、論じ合うテーマ（論題）があります。そのテーマについて、肯定（賛成）側と否定（反対）側の立場に分かれて1対1またはチーム対抗で議論を行います。

このとき、テーマに対する自分の意思や感情はいっさい関係なく、試合の直前に機械的に賛成か反対かに振り分けられるのがディベートの特徴です。

なぜ自分の意思とは関係なく2つの立場に分けるかというと、こう

することによって、テーマに対して感情的にならず冷静に議論ができるようになるからです。また、自分は賛成（または反対）でありながら、反対（または賛成）の人の意見を考えることで、いろいろな視点からものごとを見られるようになります。

こういう考え方やものの見方ができるようになると、ものごとを冷静に分析したり公平に判断できるようになります。これは、大人になってからも必要とされる力です。

《ディベート》
ある議題についてルールに従って議論をし勝敗を決める。

ディベートは、発言時間や発言回数、発言の順番が決められているよ。

《ディスカッション》
ある議題について自由に話し合う。勝敗は決めない。

まとめ

◆ ディベートとは、あるテーマについて、肯定側と否定側に分かれて議論をする競技

◆ 自由に議論するディスカッションとは似ているけど異なる

1 時間目

ディベートは何を競う競技?

☑ 説得力や客観性・論理的かを競います

　ディベートのことを「相手のあげ足を取ったり、理屈で言い負かすこと」だと誤解している人が多いのですが、とても残念なことです。

　ディベートは、客観的かつ論理的に相手を説得できるかどうかを競い合うものです。そして、相手や第三者をいかに説得し、納得・共感させられるかがゴールです。決して、相手のあげ足をとって言い負かすことではありません。

　客観的とは、自分の個人的な感情や意見、好みで「○○が良い、悪い」というのではなく、事実やデータに基づいていて、だれが見ても「なるほど、そのとおりだ」と思えるかどうかということです。

　論理的とは、客観的な事実に基づいて、「○○だから△△である」というように、筋道立てて話をすることです。

　ディベートでは、常に客観性や論理性が求められるので、情報収集力や情報を読み解く力、筋道立てて考えたり話を組み立てたりする力が知らず知らずのうちに身につきます。また、相手の言いたいことをしっかり聴いて理解しないと反論ができないので、聴く力や理解力も高まります。ディベートで身につく力は、日常生活のいろいろな場面で非常に役立つはずです。

ディベートで身につく力

- 論理的に考える力
- 情報収集力
- 情報読解力
- 人の話を聴く力
- わかりやすく伝える力
- 理解力

まとめ

◆ ディベートとは、「客観性（事実や正しい情報）をもとに論理的に（筋道を立てて）ものごとを語れるか」を問うもの

◆ ディベートで身につく力は生涯(しょうがい)にわたって役に立つ

ディベートの流れはこうなっている

☑ 立論→尋問→反駁→最終弁論

　ディベートは競技ですから、サッカーや野球などのスポーツと同じように、決まった流れやルールに沿って試合が行われ、最終的には勝敗が決まります。

　ディベートの流れは次のようになっています。

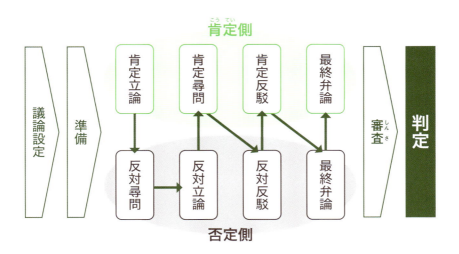

　まず、論題（テーマ）が決められます。論題が決まったら、そのテーマについて情報を集めたり調べたりして、自分なりに意見が言える

ように準備をします。その後、参加者は、肯定側か否定側に分けられ、**立論→尋問→反駁→最終弁論**という流れで試合を行います。

立論→尋問→反駁→最終弁論は、肯定側、否定側が交互(こうご)に行います。それぞれの最終弁論が終わったら、審判が、どちら側の主張がより説得力があったか、納得できる内容だったかという観点で採点をし、勝敗が決まります。

ディベートには、大きく分けて次の2つの試合形式があります。

事前準備型	テーマを示されてから、事前に準備する時間や期間が与えられる。

即興型	テーマを与えられてから、わずか数分で試合(ディベート)を行う。

学校の授業で行われるディベートの多くは、事前準備型です。即興(そっきょう)型は、準備時間がほとんどなく、日ごろの情報量や知識、そして、短時間で考えをまとめて主張できる瞬発力(しゅんぱつ)が求められます。事前準備型よりも難易度は高くなります。

まとめ

◆ ディベートは、決まった流れやルールに沿って行われる

◆ ディベートでは、肯定側、否定側が交互に立論→尋問→反駁→最終弁論を行って勝敗が決まる

15

1 時間目

立論ってなあに?

☑️ 論題に対し主張を述べること

ディベートでは、最初に必ず論じるテーマが示されます。これを「論題」と言います。その論題について、ディベートの場で主張していく（話す）ことを立論といいます。

立論は、まず肯定側が、論題について支持（賛成）する理由を説明し、否定側は、肯定側の主張に沿って、論題を支持（賛成）しない理由を主張します。

説得力のある立論をするためには、わかりやすい言葉で、客観的かつ論理的に話を組み立てることが重要です。むずかしいなと思うかもしれませんが、実は、論理的な話し方には決まったパターンがあります。それを使って話を組み立てればだれでも論理的に話ができるようになります。たとえば、よく知られているパターンに、PREP法というものがあります。

PREP法とは「Point（結論・主張）」「Reason（理由）」「Example（事例）」「Point（結論・主張）」の頭文字をとったものです。まず、主張を述べ、次に理由、その次に、理由を裏付ける事例を話し、最後にもう一度主張を述べるという流れです。この流れを使えば、だれでも簡単に客観的で論理的な話し方ができるようになります。

他のパターンや、立論の仕方については3時間目で詳しく説明します。

PREP法

| 1 Point（結論・主張） | 2 Reason（理由） | 3 Example（事例） | 4 Point（結論・主張） |

《肯定側の立論》

1. 私は○○に**賛成**です。
2. **なぜなら**△△**だから**です。
3. たとえば、こんな**事例**があります。
4. このことから、私は○○が**良い**と思います。

《否定側の立論》

1. 私は○○に**反対**です。
2. **なぜなら**△△**ではないから**です。
3. たとえば、こんな**事例**があります。
4. ですから、私は○○には**反対**です。

> 立論を組み立てるときは、5W1H（When（いつ）・Where（どこで）・Who（だれが・だれに）・What（何を）・Why（なぜ）・How（どのように））を意識すると、抜けや漏れがなく話ができるよ。

まとめ

◆ 立論とは、論題について、肯定側、否定側がそれぞれの主張をすること

◆ 客観的・かつ論理的に立論するにはパターンを使う

1 時間目

尋問ってなあに？

☑ 立論の内容を確認し、相手の矛盾を突く

　立論が終わったら、尋問を行います。尋問とは、立論で話された内容を確認するために質問を行うことです。

　実際には、

肯定側の立論→否定側の尋問→否定側の立論→肯定側の尋問

というように肯定側と否定側が交互に立論と尋問を行います。

　基本は一問一答形式で、相手が「はい」「いいえ」で簡単に答えられる質問をします。5W1H※に照らして質問をすると、漏れや抜けなく不明点や疑問点を確認できるでしょう。

　相手の立論内容の不明点を確認するだけでなく、相手の主張で矛盾している（つじつまの合わない）ところを攻撃することもあります。また、反対尋問のあとの「反駁」パートで、自分たちの主張が有利になるような発言を引き出す（誘導尋問）場合もあります。

　主導権は尋問をする側にあり、相手の発言を途中でさえぎって尋問をしてもかまわないことになっています。見ていると「攻撃的でいやだな」「強引だな」と思うかもしれませんが、肯定側、否定側のどちらにも尋問の機会はあるので、公平なゲームとして楽しみましょう。ディベートでは「尋問」が一番の見どころかもしれません。

※5W1H＝「When（いつ）」「Where（どこで）」「Who（だれが）」「What（なにを）」「Why（なぜ）」「How（どのように）」の頭文字をとった言葉

18

これが尋問だ

尋問側

では肯定側は□□が△△だというのですね？  矛盾を攻撃してOK!

えっとそれは……

つまり△△なわけですね 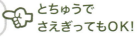 とちゅうでさえぎってもOK!

誘導尋問もOK! はい、そういうことです

尋問で優位に立つためには、話の内容に矛盾や突っ込みどころがないかを意識しながら、相手の立論をしっかり聴くことが大事だよ。

 まとめ

◆ 尋問とは立論の内容を確認するための質問

◆ 相手の矛盾を攻撃したり自分に有利な発言を引き出したりすることもある

1 時間目

反駁（はんばく）ってなあに？

☑ 反論と再証明によって自分の主張を強化する

　反駁は、「はんばく」と読みます。ちょっと聞き慣れない言葉ですよね。反駁とは、尋問（じんもん）で突（つ）っ込（こ）まれた矛盾（むじゅん）や弱点について論じ返したり（＝再証明）、相手の主張が正しくないことを証明したりする（＝反論）ことです。

　立論は肯定（こうてい）側から行いましたが、反駁は、否定側から始まります。

▌否定側反駁→肯定側反駁

　尋問で相手の矛盾を指摘（してき）して優位に立った側は、相手の論理の弱い部分に対してさらに「反論」を重ね、自分の主張の優位性をアピールします。

　逆に尋問で矛盾を突（つ）かれて不利になった側は、「再証明」によって自分の主張を立て直し、形勢逆転を目指します。単に守りに入るのではなく、相手の反論に対して「受けて立つぞ！」という姿勢で臨む必要があります。

　肯定側も否定側も、最終弁論に向けて自分の主張が正しいことをいかにアピールするかがポイント。激しい攻防（こうぼう）が見どころです。

反駁とは？

反論

イヌさんは、○○だと言いましたよね。つまり□□□は正しくないということですね？

再証明

○○と言ったのは□◎×だからです。ですから、□□□が正しくないわけではありません。

尋問で有利だったネコさんは、さらに反論してイヌさんを追い込んでいるね。
一方、イヌさんは反対尋問で不利になった流れを変えるために、自分が正しいことを再証明しないといけない。ハラハラの展開だよ。

まとめ

◆ 優勢側は、反論によってさらに相手の矛盾を突く
◆ 劣勢（れっせい）側は、再証明によって自分の主張を立て直す

1 時間目

最終弁論ってなあに?

☑ 判定に向けてのラストチャンス

最終弁論も、否定側から始まります。

否定側最終弁論→肯定側最終弁論

最終弁論は、両者とも自分たちの主張のほうが正しいことを示す最後のチャンスです。ここで、最初の立論をただくり返すだけでは説得力がありません。これまでの尋問や反駁の内容をふまえて、自分の主張を再構築し、「だから、やっぱり私の主張は正しいです」ということを明確に証明することが重要です。

最終弁論が終わると、審判による判定が行われます。

判定では、

・**客観的、論理的に主張ができていたか**

・**主張がわかりやすかったか**

・**どちら側の主張にメリットがあるか**

・**どちら側のメリットのほうが大きいか**

などを着眼点とし評価します。

また、正しい姿勢で相手の目を見て、情熱を込めてしっかり発表ができたか、といった、発表態度が評価されることもあります。

判定はどう決まる？

　肯定側と否定側、両者の主張を比較して、どちらの主張によりメリットがあるかで判断をします。メリットとデメリットが同じくらいなら、否定側の勝ちとなります。

ディベートには、「引き分け」はなく、必ずどちらかが勝つことになっているよ。

　主張の内容だけでなく、話し方も判定の対象になります。

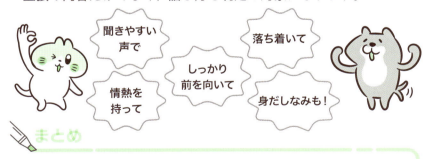

まとめ

◆ これまでの議論をふまえて、自分の主張を再構築する

◆ わかりやすさ、主張のメリットの大きさ、話し方も評価の対象

1 時間目

ディベートの論題とは

☑ 賛成・反対の議論が可能で、話題性がある

　ひとつのディベートの論題（テーマ）は、必ずひとつです。2つも3つもものテーマが論じられることはありません。また論題は、肯定側、否定側に分かれての議論が成り立つものでなければいけません。

　論題には大きく分けて次の3つのジャンルがあります。

1 事実論題（過去・現代・未来における事実の有無を論じる）

2 価値論題（あるものに価値があるかどうかを論じる）

3 政策論題（政策や提案の是非（良いか悪いか）について論じる）

※**2**は、2つの異なる価値を比較討論する論題と定義されている場合もあります。

たとえば、

1「火星への移住は実現する」

2「小学校からのプログラミング教育はすばらしい」

3「大学までの学費を無料にするべきである」

などが考えられます。

　これらのテーマについて、2つの立場（肯定・否定）に分かれて論じるわけですが、議論が成立するかどうか、勝ち負けの判定をできるかどうかが論題選びの重要なポイントです。

　たとえば、「邪馬台国は奈良に存在したか」（**1**事実論題）、「AI

は人類を幸せにするか」（**2価値論題**）という論題が出た場合、みなさんは議論できそうですか？

　もちろん、ディベートを行うことは可能ですが、これらのテーマについて主張を組み立てようとすると、議論の展開がむずかしく、情報収集などの準備の範囲もぼう大になります。

　ですから、実際のディベートでは**3**の**政策論題**がテーマとして取り上げられることがほとんどです。また参加者が興味を持つよう、話題性のあるテーマが選ばれることが多いようです。

《勝敗の判定可能な論題であること》

1 将来紙幣はなくなる（**事実論題**）　　　　　　✕

2 ネコカフェはすばらしい（**価値論題**）　　　　✕

3 A町内にドッグランを作るべきである（**政策論題**）　◯

> **1**は情報収集がむずかしそう。
> **2**は人それぞれ好みの問題で白黒つきづらい。
> **3**なら、犬を飼っている人の数、世の中のニーズなどから主張を組み立てられそうだね。

◆ 論題は、肯定・否定の立場に分かれて議論が成立するものでなければいけない

◆ みんなが興味を持ちそうなテーマが選ばれがち

1 時間目

勝つためには準備が重要

☑ 情報収集と主張の組み立てがポイント

　ディベートの論題が示されたら、まずするべきことは、論題に関する情報収集です。そのテーマについての知識や情報がなければ、主張をすることも、討論することもできません。

　ただし、情報の集め方にもコツがあります。やみくもに情報を集めていては時間がいくらあっても足りませんし、せっかく集めた情報がまちがっていたり偏ったりしてはいけません。情報の集め方については、2時間目で詳しく説明します。

　情報が集まったら、どのように自分の主張を伝えるか、話の組み立てを考えます。

　自分が肯定側か否定側かは機械的に振り分けられるため、ディベートが始まる直前までわかりません。ですから論題に対し、肯定側・否定側どちらの立場からも論じられるよう、それぞれの立場で主張を組み立てておくことが必要です。

　また、相手からの反対尋問や反論を想定し、事前にその対応も考えておかねばなりません。これらの準備をし、実際にディベート（試合）に挑みます。主張の組み立て方についても、詳しくは3時間目で述べます。

《リンクマップを作ろう》

情報収集はディベートで勝つためのカギ。でも、やみくもに情報を探すのは非効率。あらかじめ、リンクマップをつくって話の筋道をつけてから探しにいくと効率的だ。リンクマップとは、論題に関するメリット、デメリットを思いつくままに書き出してつないだ図のことだよ。

例「学校の部活を廃止するべきか」という論題について

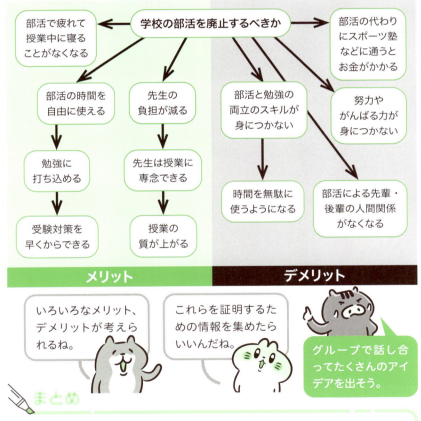

◆ 肯定・否定のどちら側になっても対応できるよう準備をしておく

◆ 集めた情報をもとに話の進め方を考える

> ## 1 時間目

ディベートに必要な3つの力

☑ **考える力・聴く力・表現力**

❶「考える力」

　ディベートでは、与えられたテーマ（論題）に対して、自分は賛成か反対かに関わらず、どちらかの立場で主張をします。ふだん何かを考える時は「自分ならどうするか」「自分はどう思うか」という感情がはたらくものですが、ディベートでは自分の感情はひとまず置いて、あえて「肯定（または否定）」の立場で考えなければなりません。

　実はこの、"あえて別の視点から「考える」"という作業が、ものごとを客観的かつ論理的に考える力を養ってくれます。つまり、ディベートによって"自分自身で深く考える力"が自然と身につくのです。

❷「聴く力」

　ディベートは、演説やプレゼンとは違い、自分だけが一方的に話して終わりではありません。相手の主張もしっかり聴いて理解し、その内容について、不明点を質問したり矛盾点を指摘したり、反論・反駁をしなければなりません。だから、ディベートをしていると「聴く力」が知らず知らずのうちに磨かれていくのです。

❸「表現力」

ディベートでは、いかに自分の主張を相手に伝え、説得・納得させられるかが問われます。演説やプレゼンとも共通しますが、ただ原稿を読み上げるのではなく、わかりやすい言葉で情熱を持って伝えることや、声のトーンや抑揚、視線、身ぶり手ぶりもふくむ、総合的な「表現力」が求められます。ただ話がうまいだけ、論理的なだけでは人の共感を得ることはできません。この「表現力」も、ディベートをしているうちに自然と身についていきます。

ディベートは、競技としても楽しめますが、これら3つの力が身につくことも大きなメリットです。ぜひみなさんも楽しみながら3つの力を身につけましょう。

✎ まとめ

◆ ディベートをすると、「考える力」「聴く力」「表現力」が自然と磨かれていく

ディベート力があなたの未来を変える

　ディベートによって、3つの力が身につくことはすでに述べたとおりです。「考える力」、「聴く力」、「表現力」は、学校教育の中でも重視されていることですが、一朝一夕に身につくことではありません。だからこそ、ディベートという競技を楽しみながら、少しずつ身につけてほしいと思います。

　とはいえ、「尋問」や「反論」「反駁」といったテクニックは、日常生活にあまり関係ないと思うかもしれませんね。でも、これからみなさんが大人になっていくに従って、人と議論を交わす機会は増えていきます。そのときに、単に自分の意見を言うだけでなく、わかりやすく相手に伝えられるかどうか、相手を納得させられるかどうかはとても重要です。

　たとえばあなたがだれかにモノを販売したり何かのサービスを提案したりするときに、論理的にそのモノやサービスの良さを説明できるのと、一貫性のない支離滅裂な話をするのとでは、どちらのほうが人から受け入れられるでしょうか。

　上手に人に伝える力があるかどうかで、あなたの将来のチャンスや可能性が大きく変わってきます。ディベートの経験があるかないかでも、大きな差が出てくるでしょう。

　ぜひ、ディベートで楽しみながら、人を説得・納得させられる話し方、伝え方を身につけ、将来に役立ててほしいと思います。

2時間目
効率的な情報の収集と整理

ディベートに勝つためのカギとなる、
情報収集について学びます。
集めた情報はどのように整理すれば
いいのかも学びましょう。

| 2 | 時間目 |

ディベートに勝つための情報収集

☑ 3つの視点で情報を整理する

　ディベートは、最初にテーマが与えられ、次に肯定側か否定側に割り振られます。そしてそれぞれの立場で、自分の主張をします（これを立論といいます）。

　立論をするためには、肯定側か否定側かにかかわらずテーマ（論題）についての情報や知識が必要です。ですから、ディベートを始める前の準備として真っ先にやるべきことは、情報収集です。

　どんな情報を集めるかは、論題（テーマ）によって異なりますが、共通する視点は「客観的な事実情報」を集めるということです。

　たとえば、「中学校にスマホを持ち込むことは禁止すべきである」という論題（テーマ）があったとします。

　論題を与えられてみなさんがまず思うことは、「別にスマホを持ち込んだっていいじゃん」、「何がいけないの?」、「ルールを決めればいいんじゃない」などではないでしょうか。みなさんに限らず、多くの人が、まずは自分の意見や感情が頭をよぎると思います。しかし、ディベートの場合はそうした個人の思いや感情を抜きにして、この論題に対する情報を集めていきます。

　さて、みなさんならどんな情報を集めますか?

このときに役に立つのが、「3つの視点で分ける」という方法です。3つの視点とは、以下のとおりです。

「現在の状況」（事実状況）

「ポジティブ情報」（プラス面）

「ネガティブ情報」（マイナス面）

毎回この3つとは限りませんが、今回はこの3つの視点で情報を整理していきます。

《情報を3つの視点で整理しよう！》

❶現在の状況	中学校におけるスマホの持ち込みの現状は？
	例 ・禁止している学校が多いのか？ ・どんなルールがあるのか？ ・実際どんな声があるのか？ ・ルールは守られているのか？　など ※これらの情報を、新聞やウェブサイトから集める
❷ポジティブ情報	スマホを学校に持ち込むことでどんなメリットがあるのか。
❸ネガティブ情報	スマホを中高生が学校に持ち込むことでどんなデメリットがあるのか。

❶で集めた情報を、内容によって❷と❸に振り分けるよ！

まとめ

◆ 立論を組み立てるためには情報収集が大事

◆ 個人の意見は横に置いて、広く情報を集めよう

◆ 情報を集めたら3つの視点で分類して整理しよう

2時間目　効率的な情報の収集と整理

やってみよう！
情報収集と情報整理 ①
☑ 論題に合った情報を集める

　前ページの論題「学校にスマホを持ち込むことは禁止すべきである」を例に、情報収集と情報整理をしてみましょう。

[集めた情報]

- 文部科学省は2020年7月14日、中学生が学校にスマホを含む携帯電話(けいたい)を持ち込むことを「条件付きで許可する」方針を決定。

- 携帯電話の普及(ふきゅう)率の高さや中学生の保護者が登下校時の連絡手段として使いたいという要望があることをふまえた決定。

- 以前は中学校では携帯電話の持ち込みについて原則禁止とされていた。

- 文部科学省のデータによると、学校側としては、中学生がスマホを学校へ持ち込むことは原則として禁止をしている場合が多い。

- ただし、公立・私立・国立それぞれで対応の仕方は変化している。

- 公立中学校は持ち込みを原則禁止としている割合が98.7%となっている。（2023/07現在）

- 大前提として、 子どもがスマホを持参することを保護者が望むこと、学校側がそれを認めることがある。 原則として子どもだけの判断で中学校にスマホを持ち込むことはできない。 以上を満たした上で文部科学省が条件を3つ提示している。

❶ 保護者がフィルタリング設定をすること。
❷ 紛失や破損等のトラブルが発生したときにだれが責任をとるか明らかにしておくこと。
❸ 学校や家庭で、 スマホの正しい使い方、 スマホの危険性についてきちんと指導すること。

以上が、 現在中学校を取り巻くスマホ持ち込みの現状です。

次ページから、 集めた情報を「ポジティブな情報」（プラス面）と「ネガティブな情報」（マイナス面）に分けて整理していきます。

《情報はこうやって集めよう！》

インターネット	「スマートフォン」「中学生」など、調べたいテーマにあったキーワードで検索しよう。信頼できるデータかどうかに注意してね。
図書館	学校の図書室や町の図書館で、司書の人にどんな資料があるか聞いてみよう。
インタビュー	家族や友達に意見を聴いたり、クラスの人にアンケート調査をする方法もあるよ。

2 時間目

やってみよう！

情報収集と情報整理 ❷

☑ **プラス面とマイナス面に分けて整理する**

　ここからは、集めた情報を整理します。

　まず、「ポジティブ情報」（プラス面）からです。スマホを持ち込むとどんなメリットがあるか、集めた情報の中から抜き出しましょう。

　たとえば、

- 親との連絡ができる
- すぐに連絡ができる
- 緊急時に連絡が取れる
- わからないことがすぐ確認できる
- 連絡手段が手元にあるという安心感

などがありました。ほかにもいろいろあると思いますが、主な声としてはこんなところでしょうか。

　次に、「ネガティブ情報」（マイナス面）です。スマホを持ち込むとどんなデメリットがあるか、集めた情報の中から抜き出します。

　たとえば、

- 登下校の歩きスマホ
- 授業に集中できない
- マナーモードのし忘れによる授業の妨げ

- 授業中にスマホをいじる可能性がある
- テストなどでカンニング行為の可能性
- スマホ紛失や盗難・破損によるトラブル
- 盗撮などのトラブル

などがありますね。

これで、3つの視点で情報の整理ができました。

ただしこれで終わりではありません。ここからさらに3つの視点で情報を分類して整理します。次ページから説明しましょう。

《練習問題》
次の情報をポジティブ情報とネガティブ情報に分けてみよう！

ペットを飼うことについてどう思いますか？

・ペットと過ごすことで心がいやされる
・ペットのフードや病院のお金がかかる
・ペットを飼うと家のそうじが大変
・ペットは友達ができるきっかけになる
・ペットと散歩すると運動になる

ポジティブ情報
-
-
-

ネガティブ情報
-
-

2 時間目

やってみよう！
情報収集と情報整理 ❸
☑ いろいろな立場の人の声に着目する

前回は、❶「現在の状況」、❷「ポジティブ情報」、❸「ネガティブ情報」の3つで分けましたが、次のステップでは、これをさらに、

❶ 生徒たちの声

❷ 保護者たちの声

❸ 学校側の声

の3つの視点で分類します。

なぜかというと、それぞれの立場によって考え方や意見が異なるはずだからです。いろいろな人の声を知ることで、ひとつの視点に偏(かたよ)ることなく客観的にものごとを見られるようになります。

《生徒たちの声》

- ルールを守れば学校に持ち込むのはあり
- いつでも連絡が取れるので安心
- わからないことをすぐに調べられる
- スマホによる生徒間でのトラブルが増える
- 常にスマホが気になってしまう　　　　など

《保護者たちの声》

- 緊急時に子どもと連絡が取れるので安心
- 居場所がわかるので安心
- 授業に集中できなくなるのが心配
- トラブルに巻き込まれる可能性が不安
- 学校側がどこまでルールを徹底してくれるか
　　　　　　　　　　　　　　　　　　など

《学校側の声》

- 時代の流れで認めざるを得ない状況がある
- ルールをどこまで徹底できるかによる
- 管理が大変になる
- 盗難、紛失、盗撮などトラブルが増える可能性大
- 家庭でのルールの徹底も必須　　　　　　など

生徒、保護者、学校、3つの立場の人の意見を整理したことで、それぞれの考え方の違いが明らかになりましたね。どの意見にも、「なるほどな」「それもありだよな」と思うところがあったのではないでしょうか。

　ふだんのコミュニケーションでも、「人によっていろいろな考え方がある」とわかったうえで会話をすることで、自分と違う意見の人ともつきあいやすくなるのではないでしょうか。

　さて、ここまで、情報を3つに分けて整理する方法を学んできましたが、ここで終わりではりません。

　これらの情報から、何が見えてきましたか？　どんなことが言えそうでしょうか。整理した情報をもう一度冷静に眺めてみましょう。高いところから全体を見渡すようにして（これを「俯瞰する」と言います）、何が良くて、どこに課題や問題があるのか？　自分なりの見解（考え）を書き出してみましょう。

- この論題（テーマ）について情報を分析したことで、どんなことがわかりましたか？
- 最初に抱いていたイメージと、調べてみて見えてきた実態と何か違いやギャップはありましたか？

もしディベートで自分が肯定側になった場合、否定側になった場合を想定して、それぞれの見解を整理しておきましょう。こうすることで、どちらの立場でディベートをすることになっても、偏見なく客観的な見解を示すことができるようになります。

まとめ

- ◆ いろいろな立場の人の意見を知る
- ◆ 整理した情報を冷静に眺めて自分の意見を整理する
- ◆ 肯定側、否定側、両方の立場に立って意見を考える

みんな違って当たり前と知れば
人間関係が楽になる

　みなさんは「ピラミッドをイメージしてください」と言われたら、どんなピラミッドが思い浮かびますか？　目の前にそびえ立つ巨大な姿をイメージする人もいれば、砂漠の中にポツンと立つ遠景のピラミッドを思い浮かべる人もいて、人それぞれ異なるはずです。

　このエジプトのピラミッドを真上から見たらどのように見えるでしょうか？　多くの人は三角形をイメージすると思いますが、ピラミッドは四角錐なので、上から見ると四角形なのです。

　ここで言いたいのは、同じものでも、違う角度、違う立ち位置から見ると全く違って見えるということです。

　みなさんは、大人と話していると話がかみ合わない、意見が合わないと思うことはありませんか？　大人と子どもでは生まれ育った時代もこれまでの経験の量も違うから、考え方が違うのは当然です。親と子、先生と生徒、上司と部下との間も同じです。友達同士でもそうかもしれません。立場が異なれば意見が合わなくて当然なのです。だれが正しい、正しくないということではありません。

　人と意見が合わなくていやだなと思うときは、立ち止まって冷静に、他の人はどういう立ち位置で、どういうふうにものごとを見て、どう考えているのかとイメージしてみましょう。これができると、これまでとは違ったものの見方や考え方ができるようになります。多様な考え方に対して理解が深まり、人とのつきあいが少し楽になりますよ。

わかりやすい主張の組み立て方

集めた情報をもとに、
論理的で説得力のある主張の組み立て方を学びます。
プレゼンやスピーチ、作文を書くときにも
役立つスキルが身につきますよ。

3 時間目

論理的な説明はわかりやすい

☑ **理屈が通っているかどうか**

▎立論で大切なのはわかりやすさ

　論題に関する情報の整理・分析ができたら、次にするのは**立論するための主張を組み立てる**ことです。

　みなさんは、肯定側、否定側のどちらかに振り分けられ、それぞれの立場で、論題についての主張を述べなければなりません。どちらの立場から立論するにしても大事なことは、いかに自分たちの主張を対戦相手や第三者にわかりやすく伝えられるかです。

　では、わかりやすく伝えるためには何が必要なのでしょうか?

　ポイントは次の2つだけです。

❶ 話し方

❷ 論理的(ロジカル)であること

　❶は、トークやスピーチのスキルです。これについては4時間目に詳しく話します。

　❷「論理的である」ためには、どのように話を進めていくかという、「話の組み立て」が重要なポイントとなります。

論理的とは…
・理屈に合っている
・合理性、妥当性がある
・筋道が通っている

↔

非論理的とは…
・直感的
・感情的
・矛盾している

論理的とは理屈に合っていること

ところで、「論理的」とはどういうことでしょうか。辞書などで調べてみると、「理屈に合っている」「合理性、妥当性がある状態」「きちんと筋道が立っているさま」などの意味が示されています。ちなみに、「論理的」の反対は、「直感的」「感情的」「矛盾しているさま」となります。なんとなく理解できたでしょうか。

つまり、わかりやすく伝えるためには、「理屈が合っている」「合理性がある」「話の筋道が通っている」ことが求められるわけです。

逆に、話が「直感的・感情的」「整合性が取れない」「矛盾している」場合は非論理的であり、結局は「話がわかりにくい」、「説得力に欠ける」ことになってしまうわけですね。

まとめ

◆ わかりやすさのポイントは「話し方」と「論理的かどうか」

◆ 論理的とは、理屈に合い合理的で筋が通っていること

3 時間目

客観的な説明はわかりやすい

☑️ **だれが見ても納得できるかどうか**

　人に言いたいことをわかりやすく伝えるためには、論理的であることが大事だと前ページで学びましたね。実は、もうひとつ大事なことがあります。それは、客観的かどうか（客観性があるかどうか）です。客観的とは、「だれが見てももっともだと納得できる状態」です。「客観的」の反対は「主観的」で、これは、その人の感覚や感情によることを意味します。人の感情はさまざまなので、「だれが見てももっともだ」と納得できるとは限りません。

　具体例を見てみましょう。次のAとBを見比べてみてください。

A：ペットボトルに水が少しだけ残っている
B：500mℓのペットボトルに水が1/3残っている

　AとBどちらのほうが正確に状況が伝わりますか？　おそらく多くの方がBと思ったのではないでしょうか。それはなぜでしょう？

　Aは、ペットボトルに、「水が少しだけ残っている」とありますが、「少し」ってどれくらい？　そもそもペットボトルの大きさは1ℓでしょうか、500mℓなのでしょうか。この説明だけではわかりません。

　では、Bはどうでしょう。こちらは、500mlとペットボトルのサイズが示されています。残っている水も、「ボトルに1/3」と具体的な量（数字）が示されています。これならまちがえようがありませんね。

　Bのような説明を「客観的」とか「客観性がある」と言います。客観的な説明はわかりやすく、だれもが納得できます。

　Aのような説明は「主観的」であり、「客観性がない」ということになります。ペットボトルに水が「少しだけ残っている」というのはその人の主観であって、「けっこう残っている」という見方もできるかもしれません。つまり、主観的な説明は、みんなが同じように理解・納得できるとは限らないのです。

まとめ

◆「客観的」とは具体的でわかりやすく、だれもが納得できるようす

◆「主観的」とは感覚的・感情的で人によって解釈が異なる

3 時間目

ディベートでは
論理的で客観的な主張をする

☑ **客観と主観を切り離して考えることがポイント**

　論理的で客観的な主張は、だれにでもわかりやすく、相手に理解してもらいやすいということはわかっていただけたでしょうか。

　逆に、非論理的で主観的な主張では、相手の理解を得るのはむずかしいということになります。

　主観的な意見は、その人にとってはそうかもしれませんが、だれもがそう思うとは限りません。

　たとえば、次の絵を見て、「コップに水がまだ半分残っている」と思う人もいれば、「コップに水がもう半分しか残っていない」と思う人もいます。人によって感じ方や解釈が異なるのです。これらは主観的なものの見方であり、事実ではありません。

　ではこの場合、事実は何なのでしょうか？　そうです。事実は「コップに水が半分入っている」ということだけなのです。

　説明が長くなってしまいましたが、ディベートで気をつけなければならないことは、人にわかりやすくものごとを伝えること。そのためには、主観と客観を切り離し、主観ではなく、客観的な事実を具体的に示すことがとても大事だということを覚えておいてください。

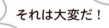

- わかりやすく伝えるためには、主観（感覚や感情）と客観（事実）を切り分け、事実を具体的に示すことが大事

3 時間目

論理的に主張を組み立てるには？

☑️ **最初に結論を言う**

　ディベートでは、 自分たちの主張を話すことを「立論」すると言います。 自分たちの主張を論理的かつ客観的に整理することの大切さはこれまでも述べてきました。 でも、 それだけではまだ不十分です。

　1時間目でも少しお話しましたが、 説得力のある話し方をするためには、 整理した内容をどのような手順で話していくかが重要です。

　最も重要なポイントは、「最初に結論を言う」ことです。 ディベートにおける結論とは、 つまりあなたの言いたいこと（主張）です。 これを最初にズバリと言うことで、 聴き手も、「なるほどこれからそのことについて話をするのだな」と聴く心構えができ、 後の話が理解しやすくなります。

　逆に、 細かな具体例や根拠から先に述べてしまうと「結局何が言いたいの?」、「結論は?」と、 聴き手をイライラさせてしまい、 そのあとでいくら良い主張をしても明確に伝わりにくくなってしまいます。 これは、 ふだんのコミュニケーションにも通じることですので覚えておきましょう。

「三角ロジック」でわかりやすく話そう

1時間目でも話しましたが、話を組み立てる際に役立つパターンがあります。いくつか紹介しましょう。

最もシンプルなのが、「三角ロジック」です。

主張(結論)→ 理由(論拠)→ 事例(根拠)の順に話をします。

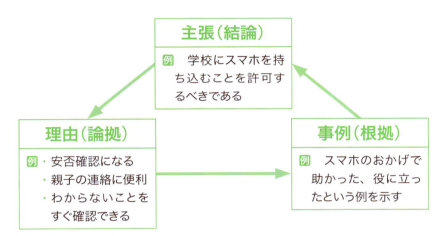

最初に結論を述べて、だんだん詳細を掘り下げていく話し方です。ディベートだけでなく、日常会話でもこの型を意識して話すと伝わりやすくなります。

まとめ

◆ わかりやすく伝えるには結論を先に言う

◆ わかりやすく話すには、三角ロジックで話を組み立てると簡単

「型」を使いこなそう❶
結論を強調できる「PREP法」

☑ **論題に対し主張を述べること**

　論理的に話すための「型」は、三角ロジックのほかにもあります。ぜひ覚えておいてほしいのが、1時間目でも簡単に説明した「PREP法」です。

　PREP法とは、Point（ポイント：結論・主張）、Reason（リーズン：理由）、Example（エグザンプル：具体例・事例）、Point（ポイント：結論・主張）の頭文字を取ったものです。

　冒頭に「結論」、次にその「理由」、次にその「根拠」を示すという流れは「三角ロジック」と同じ展開ですが、最後にもう一度「結論」を言う（再主張する）ところが大きな違いです。

　最初と最後の2回結論を言うことで、より主張を明確にし、聴く側に印象づける効果があります。

　PREP法はディベートだけでなく、プレゼンテーションやスピーチなどでも広く用いられる手法のひとつですので、ぜひ使いこなせるようにしておきましょう。

PREP法で主張を組み立てよう

Point
（結論・主張）

学校にスマホを持ち込むことを許可すべきである。

Reason
（理由）

なぜなら、安否確認や急な連絡にも役立つから。

Example
（事例）

たとえば、部活で帰りが遅くなったときなどに、すぐに連絡が取れて心配しないですむ。

Point
（結論・主張）

防災や防犯の観点からも、学校にスマホを持ち込むことは有効である。したがって、学校にスマホを持ち込むことを許可すべきである。

3時間目

わかりやすい主張の組み立て方

まとめ

◆ 最初と最後の2回、結論を言うのが PREP 法

◆ 主張を印象づけやすい

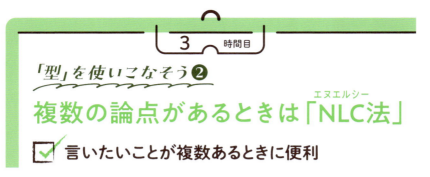

複数の論点があるときは「NLC法」(エヌエルシー)

✓ 言いたいことが複数あるときに便利

　NLC法とは、Numbering（ナンバリング：論点の数）、Labeling（ラベリング：論点のラベル）、Contents（コンテンツ：論点の中身）の頭文字を取ったものです。

　NLC法は、PREP法（プレップ）では説明しきれない場合に有効な手法です。

　たとえば、R（理由）が複数あって、ひとつの理由につき複数のE（具体例）がある場合、話し手も聴き手も、「今はどの理由のどの具体例を話しているのだっけ？」とわかりにくくなります。こういうときに、NLC法を使うと、複数の論点を論理的に整理することができます。

　「理由は3つあります。ひとつ目は○○、2つ目は△△、……」「○○の根拠となる事例は5つあります。ひとつ目は◇◇、2つ目は……」といった話し方です。

　実際には、PREP法、NLC法がきっちり使い分けされているというよりは、両方を組み合わせて話を組み立てるケースも多いです。

NLC法＋PREP法で主張を組み立てよう

Numbering（論点の数）
学校にスマホを持ち込むことを許可すべきである。
その理由は、3つある。

Labeling（論点のラベル）
❶ 緊急時に家族間で連絡が取れる
❷ 居場所や安否の確認が容易
❸ その場でわからないことを調べられる

Contents（論点の中身）
たとえば、
❶ 部活などで帰りが遅くなっても
　すぐ連絡が取れるため心配しないですむ
❷ GPS機能などにより、
　子どもがどこにいるかが確認できるので安心
❸ わからないことはその場で調べられないと、
　結局忘れてしまいそのままになってしまう

Point（結論・主張）
以上により、
学校にスマホを持ち込むことを
許可すべきである。

まとめ

◆ 複数の論点や根拠があるときはNLC法が効果的

◆ PREP法とNLC法を組合せることも多い

3 時間目

ディベートを成功させる
3つのポイント

☑ 人の心を動かすロゴス・パトス・エトス

論理性だけでは人の心に響かない

ロゴス・エトス・パトスとは、古代ギリシャの哲学者アリストテレスが言った、人の心を動かすときに必要な3要素のことです。

ロゴスとは論理性や知性、パトスとは感情や情熱、エトスとは倫理性や生き方、哲学、人間性のことを言います。

つまり、人を説得するためには、論理的であり情熱があって人間的にもすばらしい人でなければならない、ということを言っています。

これは、ディベートでの立論を成功させるための要素にも通じるものです。

わかりやすく話を伝えるには、論理的な展開が求められます。つまり、「ロゴス」が必要です。これまでも述べたように、主観的な説明では人を納得させられません。論理的に説明をするためには、主観（個人の感情や思い）は、時として正確性をじゃますることがあるので、いったん置いておく必要があります。

しかし、そうはいっても最終的に人の心を動かすためには、論理的なだけではむずかしいのが現状です。そこで必要となるのが、情

ロゴス(logos)	ロジック(論理)
パトス(pathos)	感情・情熱
エトス(ethos)	倫理性・生き方・哲学

熱とか思い、つまり「パトス」なのです。

結局大事なのは人間性

しかし、これだけでもまだ足りないとアリストテレスは言います。何が足りないか。それが「エトス」です。

「エトス」とは、その人の持つ倫理性（道徳観、人としての良識があるか）や生き方・哲学などを意味します。ちょっとむずかしいですが、私は「その人のものごとに向き合う姿勢、生きる態度」ととらえています。

みなさんも、同じ話を聴いても「この人に言われると納得できる」と思うときと、「この人に言われてもなぁ……」と思うときがありませんか？　この違いの理由こそが、「エトス」ではないでしょうか。

言葉だけでどんなに良いことを言っても、その人の行動が伴っていなかったり、口先だけで心がこもっていなければ受け入れるのはむずかしいものです。

つまり、日ごろからの行いやその人の生き方、姿勢などすべてが、話の内容や主張にも大きく影響するというわけです。これは大変なこ

とになってきましたね。

　この、ロゴス・パトス・エトスは、みなさんが社会人になってからも求められる要素でもありますし、良い評価を得ている企業や良い製品・サービスには必ず備わっている要素です。

　エトスは急に身につくものではありません。日々の生活の積み重ねによってできてくるものです。そう考えると1日1日を大事にしなければいけませんね。

伝わる話し方

4時間目では、立論に必要な「伝わる話し方」について解説します。スピーチやプレゼンでも使えるテクニックなのでぜひ覚えましょう。

4時間目

話し上手から学ぼう

☑ コツさえわかればだれでも話し上手になれる

　せっかく情報を集めて、論理的・客観的に話を組み立てていても、話し方が良くなければ相手に伝わりません。それはとてももったいないことです。とは言え、「上手に話すのは苦手」と思う人もいるでしょう。でも、安心してください。伝わる話し方にはコツがあります。コツさえ覚えればだれでも上手に話せるようになります。

　ところでみなさんは、「話がうまい人」というとどんな人を思い浮かべますか？　テレビ番組のコメンテーター、お笑い芸人、人気ユーチューバーなどでしょうか。これらの人たちはなぜ話が上手なのでしょうか。実は、話し上手な人たちには次のような共通点があります。

❶ 言いたいことがはっきりしている
❷ わかりやすい言葉を使用している
❸ 相手の立場に立って話している
❹ 情熱・エネルギーがある
❺ 高揚感を駆り立てられる
❻ 適度なユーモアがある

❶ 言いたいことがはっきりしている

　話し上手な人の一番の特徴は、「何が言いたいのかがわかりやすい」ことです。むずかしい言葉で言うと「理念や主張が明解である」ということ。

　この逆は、「何が言いたいのかよくわからない」となります。聴き手に「言いたいことがわからない」と思われてしまう人は、話している本人が、伝えたいこと、言いたいことを整理しきれていない場合がほとんどです。つまり、3時間目で説明した「論理的」ではないということですね。こういう場合は、何を言いたいのか、それを伝えるためにどのように話を組み立てるのかをしっかり考えてから話す必要があります。

やっぱり人とイヌはさ、どっちかというとイヌにも言い分があってね、だけど、結局人はさ、

何が言いたいかさっぱりわからん…。

ボクは人とイヌが快適に暮らすための方法を3つ考えたんだ。1つはね…

ほうほう、そういうことが言いたいんだね…

❷ わかりやすい言葉を使っている

　話の上手な人は、むずかしい言葉を使いません。だれが聞いてもわかる易しい言葉を使って、短い文でわかりやすく話します。

　むずかしい言葉や専門用語、外来語等を多用し、いかにも物知りのように話す人を見かけますが、こういう人は、「本当に聞いてほしいのかな？」と疑問に思います。聞いている人には言葉自体の意味がわからないので、話の内容を理解することができません。そのうち聞くのが苦痛になってきます。

　これでは話す人の自己満足でしかありません。人に伝える、理解してもらうことが本来の目的であるならば、だれが聞いてもわかるように、易しい言葉でわかりやすく伝える必要があります。

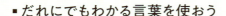

　ディベートでも同様です。専門的な話やむずかしい話をするときほど、「この説明はわかりやすいかな？　だれでも意味がわかるかな？」と、意識するようにしましょう。

- だれにでもわかる言葉を使おう
- 短い文で話すほうがわかりやすい
- 専門用語や外来語は、
　もっと簡単な言葉に言い換えられないか考えよう

わかりにくい

地球温暖化の解消は喫緊（きっきん）の課題だね。渇水（かっすい）や山火事による甚大（じんだい）な被害（ひがい）は看過できないよ。イヌさんの生息地の安全確保は予断を許さないね。

むずかしくてわからん…

わかりやすい

地球温暖化は早いとこなんとかしないとね。水不足とか山火事とかの被害もすごくてほっとけないよ。イヌさんの住むところは大丈夫？

なるほど、やばいね。

4時間目 伝わる話し方

❸ 相手の立場に立って話している

　話し上手な人は、「どうやったら相手が興味を持って聴いてくれるかな」「この説明でわかりやすいかな」と、聴き手の立場に立って話ができる人です。また、大きすぎず小さすぎず、聞き取りやすいはっきりした声で話すこと、早口になり過ぎず適度な速度で話すことも、聴き手への気配りです。❷で述べた、わかりやすい言葉で話すことも相手への配慮になります。

　自分の言いたいことに一生懸命になり過ぎて、相手（聴き手）のことまで考えられず、ひとりよがりの弁論をしてしまう人が時々いますが、それでは本当に伝えたいことは理解されません。常に相手を意識し、その人にどう伝えたいのか？　どう理解されたいのか？　を考えながら話をすることを心がけましょう。

- 相手が興味を持つように話せているかな？
- わかりやすく話せているかな？
- 相手に理解できるかな？
- 相手はちゃんと聞き取れるかな？

✗ マシンガントーク

ペラ〜〜〜〜〜〜

は、速すぎて理解がおいつかないよ〜

✗ ひとりよがりトーク

とにかく私、すごいから。ぜったいすごいから。信じて！

勢いはわかるけど…

根拠(こんきょ)はあるの？

✗ 意味不明トーク

コンピテンシーが…
レファレンスがさ…

やっぱりレバレッジをきかせてさ…

ちんぷんかんぷんだよ…

4時間目 伝わる話し方

❹ 情熱・エネルギーがある

淡々と話す人よりも、情熱的に話す人のほうが引き込まれますし、人の心をつかむものです。3時間目で述べた、人の心を動かす3要素（ロゴス・パトス・エトス）にも「パトス（情熱）」は含まれていましたね。

しかし、単に大きな声を出して、パワフルに話せばよいかというと、必ずしもそうとは限りません。「静かなる闘志」という言葉もあるように、<u>あなたが真剣に目の前のテーマに向き合い、取り組んでいれば、大声で語らなくてもあなたの情熱は相手に伝わります。</u>

今あなたが取り組んでいるテーマについて、どれだけ真剣に向き合っているか。「先生に言われたから」「課題だから」やっているのではなく、「自分はぜひこれを伝えたいと思ったから」「なぜなら、○○だから」と、思いをしっかり伝えることです。

これはディベートだけに限りません。あなたがものごとに本気で取り組んでいると、自然と言葉に重みや力強さが出てきます。それが熱量となり、聴く側は「情熱的だ」と感じ、心を動かされるのではないでしょうか。

- 真剣に思いを伝えよう
- 真剣なら大声でなくても情熱は伝わる

伝わる！

私は、このジャンプ力を活かして社会に貢献したいんです！

おお！ 情熱的！エネルギーがあっていいね。

4時間目 伝わる話し方

伝わる！

ボクは川のそばに住んでいることを活かして、水辺の環境問題に取り組みたいと思います。なぜなら、水はすべての生き物の源だからです。

ボクひとりでできることは小さいかもしれませんが、小さな一歩でも0と比べたら大きな一歩です。

うむ、イヌさんの本気度が伝わってくるねぇ。

67

❺ 高揚感を駆り立てられる

　たとえば、人の話を聴いていると感情が高まってきて、いても立ってもいられない気持ちになり、今すぐ行動をしたくなったりすることはありませんか？　これが、「高揚感を駆り立てられる」ということです。選挙演説をしている政治家や、テレビショッピングの司会者のトークなどがこれに当たるかもしれません。しかし、これはかなり上級者のテクニック。急にできるものではないので、今すぐにできなくても大丈夫。一応知識として知っておいてください。

❻ 適度なユーモアがある

　ディベートでユーモアを求められることはあまりないですが、スピーチで聴き手の心を引き付けたり、その場の雰囲気を支配する（自分のペースに持って行く）ために、ユーモアは有効な技術のひとつです。しかし、最初から上手な人はいませんから、無理しなくてかまいません。興味があるなら、お笑い芸人のトークなどを参考にして少しずつ試してみるといいでしょう。

4時間目　伝わる話し方

4 時間目

自分の言葉で話そう

☑ 上手であるより心がこもっていることが大事

❶から❻まで、話し上手な人の共通点を紹介してきました。❺と❻はむずかしいですが、❶から❹はちょっと意識をするだけでも変わってくると思いますので、ぜひ心にとめておいてください。

さて、いろいろ言いましたが、実は一番大事なことは、「自分の言葉で話す」ということかもしれません。

どんなに上手に話せたとしても、自分がふだん使っていない言葉であったり、よそから借りてきたような言葉だと、どうしても聴く人の心には響いてきません。

逆に、多少言葉につまったり、噛んでしまったりしても、自分の言葉で話しているプレゼンや演説は、その人の言葉として心に入ってきます。これはディベートの立論（弁論）の時でも同じです。「伝わる話し方」の基本としてしっかり覚えておきましょう。

わたくしは…、ですから…、したがって…、…と思うのであります。

なんだかイヌさんらしくないなあ。もっといつもの感じで自然に話したほうが伝わると思うよ。

伝わる話し方とは…

❶ 言いたいことがはっきりしている
❷ わかりやすい言葉を使っている
❸ 相手の立場に立って話している
❹ 情熱・エネルギーがある
❺ 高揚感を駆り立てられる
❻ 適度なユーモアがある

そして、「自分の言葉で話す」こと！

4 時間目

人前で話すときの 具体的なテクニック ❶

☑ **声や表情で印象は大きく変わる**

 ❶ 声で人の心をつかむ

　ここからは、実際に人前で話をするときに意識するべきポイントについて見ていきましょう。

　まずは声質です。生まれつき声が良い人もいますが、そうでなくてもちょっとしたことを意識するだけで聞きやすい声、心地の良い声をつくることはできますし、聴き手の受けとめ方も変わってきます。

▍声の大きさ

　基本的に人前で話すときは、ふだん話すよりも大きな声を意識します。

　なぜなら、声が聞こえない、聞き取りづらいのは、聴く側にとって一番のストレスになるからです。

　声は小さくてもいけませんが、大きすぎてもいけません。大声を聞かされるのは疲れますし話すほうもずっと大声を出すのはしんどいですよね。

広い会場で話すときは大きめの声で、小さな会場なら小さめの声で、というように、場所や状況によって使い分けることも必要です。

声のトーン

声のトーンとは、声の高低のことです。声のトーンを上げると、ハキハキとした熱意があふれる印象を与えます。逆に声のトーンを下げると、落ち着いた印象を与えます。

ずっと同じペースではなく、話の内容によって声のトーンを上げたり下げたり、また、大切なことはゆっくり1語1語はっきりと話すというように、緩急をつけて（速くしたりゆっくりしたり）話せるようになると、聴き手を引き付けることができます。

まとめ

◆ その場に合った声の大きさで話す

◆ 声のトーン（高低）を使い分ける

4時間目

人前で話すときの 具体的なテクニック❷

☑ 豊かな表現力で印象づける

　相手に何かを伝えるときは話す内容だけでなく、顔の表情、目の動き、ジェスチャー（身振り手振り）、語り口や抑揚といった表現力も重要です。

　聴く側にどのように伝えたいのか、どう受け止めて欲しいのかを意識し、それに合わせて表現方法を考えましょう。

顔の表情

　人の心をつかむにはまず笑顔で。笑顔がきらいな人はいないからです。特に、最初のあいさつではしっかり顔を上げて笑顔であいさつの言葉を言いましょう。ただし、真剣な話をするときにニコニコしているとおかしいですよね。話の内容によって表情は変えましょう。

　下を向いていると自信がないように見えますから、顔はしっかり前

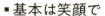

point
- 基本は笑顔で
- 話の内容や状況によって表情は変える
- しっかり前を向いて
- 自信があるようにふるまう

を向いて。前を向いていると気持ちも前向きになるものです。逆に、下を向いていると気持ちも落ち込んできます。緊張しているときこそ前を向いて自信があるようにふるまいましょう。

目の動き

目はきょろきょろせず、1点を見つめるようにしましょう。きょろきょろしていると落ち着きがなく自信がないように見えてしまいます。1対1で話す場合は話し相手の目を見ます（実際に目を見るのに抵抗がある場合は眉間や鼻のあたりを見てもいいでしょう）。プレゼンなどで複数の人に向かって話をする場合は、**右→中央→左→中央→右**の順番でゆっくり聴衆のほうを見ましょう。せかせかせず、ゆっくり見るのがポイントです。うなずきながら聴いてくれる人を見つけたら、その人に向かって話すようにすると、緊張がほぐれ話しやすくなります。

- きょろきょろしない
- 相手の目を見る（1対1の場合）
- ゆっくり聴衆を見回すと落ち着く
- うなずきながら聴いてくれる人に向かって話す

ジェスチャー

ジェスチャーとは身振り手振りで感情や状況などを伝えることです。たとえば、「こんなに大きい」と言いながら手を広げると、言葉だけで説明するよりも大きさが伝わりますよね。また、「とても悲しかった」と言いながら両手を胸に当てるしぐさをすると、悲しい気持ちがより

伝わる気がします。このようにジェスチャーは、言葉だけで表現するよりも実感をもって何かを伝えることができるのです。

　ディベートやプレゼンではもちろん、ふだんの会話でもジェスチャーを使うとコミュニケーションがより豊かになります。

　ただし、あまり多用するとどこを強調したいのかわかりにくくなるので、ここぞというときに使うほうがいいでしょう。

語り口や抑揚

語り口とは、優しい語り口、イライラした語り口、など話すときの調子のこと。抑揚とは声の調子に強弱や緩急（速い・ゆっくり）をつけること。演技力と言い換えてもいいかもしれません。

たとえば、「環境問題について強く主張したい」というときは、強い声で1語1語はっきり言う、「災害にあった地域の現状を報告したい」ときには、静かな声で冷静に淡々と語るというように、伝えたい内容に合わせて語り口や抑揚を変化させます。原稿を棒読みするよりも聴き手の心に響きますし、印象にも残るでしょう。

4時間目 伝わる話し方

4 時間目

【シーン別】伝わる話し方講座

☑ 何を伝えたいかで話し方を変化させよう

❶ 力強く情熱的に訴えたい！

- 声は大きく強めに
- ジェスチャーはややおおげさに
- やや速めの語り口で
- 言いたいことや要点を簡潔に
- 体言止めや短い文で言い切る

自分が最も訴えたい、ここぞという場面で活用しよう。

❷ 論理的に訴えたい！

- 淡々と静かに冷静に語る
- 声のボリュームやトーンを少し落とす
- ジェスチャーもひかえめに

感情的にならず冷静に話すのがポイント。

❸ 誠意を持って伝える姿勢を示したい!

- 低いトーンの声でゆっくり話す
- 一言一句かみしめるようにていねいに話す
- 「間」をうまく使う
- 重要なポイントでは適度にジェスチャーを

口先だけでなく、心を込めて話そう。

❹ 安心感・信頼感を与えたい!

- 落ち着いたソフトな声でおだやかに話す
- １語１語ていねいに話す
- 聴(き)き手ひとりひとりに目線を向け、ゆっくり見回すように
- 抑揚(よくよう)、ジェスチャーは抑(おさ)え目に

信頼されるためには身だしなみも大事だよ。

シーン別に話し方のコツを見てきましたが、ポイントは話す「速度」と「緩急」です。

　弁論やプレゼンのスピーチでは、緊張して早口になりがちです。そして、早口になればなるほどよけい緊張するものです。ですから意識的にゆっくり話すようにしましょう。「ちょっとゆっくりすぎるかな」と思うくらいでちょうど良いでしょう。

　ちなみに、アナウンサーが話すスピードは「1分間に300文字」が標準と言われています。タイマーで測って練習してみると感覚がつかめるかもしれません。

　ずっと一本調子で話すのではなく、強調したい場面やより理解を深めてもらいたい場面ではゆっくり話す、「間」を入れる、声のトーンを上げ下げするなどメリハリをつけると、印象的なスピーチになります。必要に応じてジェスチャーも加えましょう。自然に見えるように鏡を見ながら練習をしたり、動画を撮ってチェックするといいでしょう。

　また、意外と忘れがちなのですが、語尾ははっきり言うこと。最後がもごもごして聞き取りにくいと、自信がなく聞こえますし、肯定なのか、否定なのか、主張がぼやけてしまいます。「○○です」「○○ではありません」と、最後まで1語1語はっきりと言いましょう。

80

【声】	・大きすぎず小さすぎず
	・場所や状況によって使い分ける
	・声のトーン（高低）を使い分ける
	・緩急（速い・ゆっくり）をつけて話す
【顔】	・笑顔
	・まっすぐ前を向く
【ジェスチャー】	・感情、状況、大きさ、数字、方向などを身振り手振りで表現する
【語り口・抑揚】	・伝えたい内容に合わせて声の調子、強さ、速さなどを変化させる
	・要するに演技力
【その他】	・早口にならない
	・メリハリをつける
	・鏡や動画で自分の話し方をチェックする
	・語尾はもごもごせずはっきりと

4時間目 伝わる話し方

緊張しないコツ

　あなたは人前で話すことは得意ですか？　それとも苦手ですか？　大学生にこの質問をすると、8割以上が「苦手」と答えます。

　友達と話すときは普通に話せるのに、プレゼンやスピーチだと緊張してしまう…そんな経験はみなさんにもあるのではないでしょうか。

　私も、今でこそどんな大人数の前でも緊張することはなくなりましたが、以前はプレゼンや講演のときは緊張していました。

　「なぜ緊張してしまうのか？」と自問自答して出た答えは、「うまく話そう」「カッコよく話したい」、つまりは「人から良く見られたい」という気持ちでした。だから、歩き方から立ち方、話し方、表情すべてにおいて、「人から注目されているのではないか」と自意識過剰になり、緊張してしまったのです。

　しかし、自分が聴き手のとき、登壇者の一挙手一投足をいちいち見ているかというと、決してそんなことはありませんでした。よほど自分が好きなタレントやスポーツ選手でもない限り、そこまで登壇者のことなど見ていないのです。そう気づいてからは、あまり緊張することがなくなり、自然体で伸び伸び話せるようになりました。みなさんにも参考になるのではないでしょうか。

　もうひとつ、スピーチやプレゼンの奥義を伝授させていただくと（笑）、人前で話をするときは、話し始める前に大きく深呼吸をし、顔をしっかり上げ、参加者全員をゆっくり見渡してみてください。そうすると不思議と緊張がほぐれ、その後は自分のペースで話を進めることができるようになります。ぜひ、試してみてください。

5時間目

実際にディベートを やってみよう!

5時間目では、ディベートの事例をみながら、
全体の流れを理解していきます。
ディベートの流れについては14ページを見て、
もう一度確認しておきましょう。

5 時間目

論題の設定と情報収集

☑ 情報を集めて3つの視点で整理しよう

　ここからは実際のディベートを疑似体験してみましょう。論題(テーマ)はみなさんにも身近な宿題の話題です。

論題 / テーマ　「中学校では宿題を廃止すべきである」

※ここでの中学校は公立中学校と定義します。

【事前準備】

　事前準備とは、論題に対する情報収集でしたね。2時間目でも学んだとおり、情報収集のポイントは、❶現在の状況、❷ポジティブ情報、❸ネガティブ情報の3つの視点で整理することです。

　ここでは、中学校における宿題の実態について必要な情報を集め、ポジティブ情報とネガティブ情報に分けて整理し、全体を俯瞰(広い視野で見ること)していきます。

3つの視点	❶中学校における宿題の現状 ❷ポジティブ情報 ❸ネガティブ情報

84

❶ 中学校における宿題の現状

- 全国の公立中学校における宿題の現状を見ると、約4割の教員が授業の2、3回に1回以上の頻度（ひんど）で宿題を出している。
- 宿題の量は30分はかからないくらいの量である。
- 宿題の内容は、「高校入試対策になる内容」「作文やレポート」「調べ学習」が14～20％程度。

（出所：ベネッセ教育総合研究所2021年調査）

❷ ポジティブ情報

　単なる授業の確認や補足だけでなく、「高校入試対策になる内容」「作文やレポート」「調べ学習」といった、中学生が「意味がある」と感じる宿題内容に変わってきている。分量も決して多すぎるほどではないのではないか。

❸ ネガティブ情報

　中学生の97％は高校に進学するため、学校の勉強に加えて受験勉強などの時間に追われている。
　また、部活や習い事をしている割合も約8割。この中には塾（じゅく）に通っている割合も7割程度いることを考えると、宿題はかなりの負担と言えるのではないか。

※例として、ポイントのみを簡潔にピックアップしましたが、実際にはもっと詳しく情報を集めます。

5時間目

情報整理

☑ いろいろな立場の人の声を聴こう

　情報を3つの視点で分類したら、次は関係する人たちの声を集めます。今回の場合は、❶中学生の声、❷教員の声、❸保護者の声を確認します。実際にヒアリングをして、意見をまとめます。

中学生の声

メリット

- 言われたとおりの宿題に取り組むだけで学校の成績が向上する
- 学習すべきことを自分で決めなくてもよい

デメリット

- 平常点のために自分の学力に合わない問題に取り組まなければならない
- 自分がやりたい勉強の時間を奪われる
- 寝る時間が短くなる
- 他にやりたいことができなくなる

教員の声

メリット
- 生徒に授業時間外での学習を促すことができる
- 授業で必要な内容を扱いきれなかった場合の対応策になる

デメリット
- 宿題の確認に時間を要する
- 宿題を課したからといって生徒の学力が向上するとは限らない

保護者の声

メリット
- 子どもが何を学習すればよいかを把握できる
- 勉強する習慣が身につく

デメリット
- 宿題に追われ睡眠時間や他の時間が削られるのを見るとつらい
- 宿題だけをやって他の勉強がおろそかになる

　以上、異なる立場の人たちの声を拾ってみました。三者三様の考え方があることがわかったのではないでしょうか。

　これをもとに、いよいよ立論を展開していきましょう。

肯定立論

☑ テーマに対し肯定側の主張

情報収集と情報整理が終わったら、いよいよ立論を組み立てます。

ディベートは、まず肯定側の立論から始まります。肯定側の立論を、PREP法で組み立ててみましょう。

PREP法

▎POINT（結論）

私たちは、中学校では宿題を廃止すべきであると考えます。

▎REASON（理由）

なぜなら、多くの生徒が宿題によって自分の時間が削られ、本来やりたい勉強や、自分の好きなことに費やす時間が取れないからです。また、そのために睡眠時間を削らざる得をないというのも問題です。

なるほど

EXAMPLE（具体例）

現在、中学生の97%が高校へ進学しています。そのため、学校での勉強に加えて受験勉強などの時間に追われています。

また、部活や習い事をしている生徒が約8割おり、この中には塾などに通っている人たちが7割程度います。

これらの状況からも、この上さらに宿題が出されることは生徒たちにとってとてつもない負担であると言えます。

POINT（結論）

以上をふまえ、私たちは中学校では宿題を廃止すべきであると考えます。

最初に結論を述べ、次に理由、その次に具体例。そして最後にもう1度結論を言うのがPREP法だったよね。覚えているかな？

次のページでは、同じ内容をNCL法で組み立ててみるよ。

今度は肯定側の立論をNLC法で組み立ててみましょう。

NLC法

▍Numbering（ナンバリング／論点の数）

私たちは、中学校では宿題を廃止すべきであると考えます。
その理由は、3つあります。

▍Labeling（ラベリング／論点のラベル）

ひとつ目の理由は、宿題によって自分の時間が削られてしまう点。
2つ目の理由は、本来やりたい勉強の時間が取りにくくなる点。
3つ目の理由が、それらを全てやるとなると睡眠時間を削られてしまう点。

以上が挙げられます。
ではこれらの理由をひとつひとつ説明していきたいと思います。

Contents（コンテンツ/論点の中身）

まず、ひとつ目の宿題によって自分の時間が削られてしまう点ですが、現在、中学生の約8割が、部活や習い事などをしている実態があります。そこに宿題が加わると、生徒たちは自分の好きに使える時間がどうしても削られてしまいます。

2つ目が、主に苦手な教科の勉強や受験勉強対策の時間が取りにくくなる点です。中学生の97%が高校へ進学するという状況を考えても、本来自分のやりたい勉強に注力できる時間を確保してあげるべきです。

3つ目の睡眠時間ですが、生徒たちは、これらを全てこなそうとするため、どうしても睡眠時間が削られてしまいます。これは成長期の健康管理といった観点から考えても問題があると言わざるを得ません。

以上が、肯定側の立論（主張）です。
次は、否定側の尋問（質問）に入っていきましょう。

5時間目 尋問の基本とテクニック

☑ 質問力が重要なポイント

▌良い質問は、議論を深めディベートを有利に進める

1時間目でも説明しましたが、「尋問(じんもん)」とは「質問」のことです。

ディベートにおける尋問は、勝敗を左右するだけでなく、議論を深めていく上でも非常に重要な要素です。

良い質問をすると、ディベートを有利に進めることができます。

ディベートにおける良い質問とは、相手の弱点を突(つ)くような質問のことです。たとえば、相手の話のつじつまが合わないところを指摘(してき)したり、相手の主張の裏付けとなる情報が不足している点を指摘するなどです。このような質問をされると、相手は明らかに不利になりますよね。また、それに対し、相手も主張を立て直してきますから、議論が深まります。

《良い質問》
- 相手の主張の矛盾(むじゅん)を突く
- 相手の情報不足を指摘(してき)
- 議論を深める

2つの質問を使い分ける

質問（尋問）は、大きくは「オープン・クエスチョン（開かれた質問）」と「クローズド・クエスチョン（閉ざされた質問）」に分けられます。

オープン・クエスチョンは、「なぜ○○なのですか?」「○○についてはどうお考えですか?」……など、相手がどのようにでも答えることができる質問です。

これに対しクローズド・クエスチョンは、「はい」か「いいえ」で答える質問です。「その日家にいましたか?　YESかNOでお答えください」「先ほど○○と言いましたよね?」…など、やや相手を追い詰めるような質問の仕方です。

ディベートでは、この2つの質問を状況に応じて使い分けながら尋問を進めていきます。

	概要	例
オープンクエスチョン	自由に答えられる質問。主に、いろいろな意見を聞きたいときに使う	「なぜ○○したのですか?」 「それはどういうことですか?」 「何をしようとしたのですか?」 「どんなことを考えたのですか?」　　など
クローズドクエスチョン	「はい」か「いいえ」で答える質問。主に、明確な答えが欲しい場合や、相手を追い詰めるときに使う	「あなたは○○ですよね?」 「では○○ということですよね?」 「Aですか?　Bですか?」　　など

| 5 | 時間目 |

尋問の目的

☑ **相手の弱点を誘い自分を有利にする**

何がわかって何がわからなかったのか

尋問（質問）ではまず、相手の主張（立論）に対し、「わかったこと」、「わからなかったこと」を確認する質問をしていきます。

尋問の目的は、①相手の矛盾点や合理性に欠ける点などを浮きぼりにすること、②こちら側が反論するときに証拠となる言葉を相手から引き出す（これを「言質をとる」と言います）こと、そして③最終的に自分たちの主張の正当性を訴え納得させることにあります。したがって、そのような意図を持った質問（尋問）をしていくことが大事です。

例

先ほど〇〇というお話がありましたが、その根拠について説明してください。

〇〇というデータ以外で、そのことを示す他のデータはありますか？

先ほどの〇〇については感想に聞こえたのですが、客観性を示すものはありますか。

先ほど〇〇という話がありましたが、まちがいないですよね？

質問は一問一答

質問（尋問）する際は、一問一答を心がけましょう。

ディベートは時間の制約があるので、1度にいくつも質問してしまうと質問の内容を掘り下げていくことがむずかしくなります。ですから、ひとつの質問に対し相手に答えてもらい、その答えに対しさらに質問を重ねて掘り下げていくことで、議論を深めていくことを心がけましょう。

また、尋問をするときは、相手の返答に対してこちら側の意見は言わず、質問だけをしていきます。これは時間を取られてしまうだけでなく、最初の質問のポイントもぼやけてしまうからです。

特に気をつけなくてはならないのが、相手が返答しているのに話をさえぎって自分たちの意見をぶつけてしまうことです（さえぎって質問をするのはかまいません）。

相手側の返答に対して自分たちの意見や考えを示す場合は、反駁（反論）のときに行います。質問（尋問）は、あくまでも反駁のための確認や情報集め、根拠さがしと考えると良いでしょう。

まとめ

尋問の目的は、

◆ **相手の矛盾点や合理性に欠ける点などを浮きぼりにする**

◆ **こちら側が反論するときの証拠を相手から引き出す**

◆ **自分たちの主張の正当性を訴え納得させるための材料集め**

反対尋問をしてみよう

☑ 否定側が肯定側の主張の弱さを突く

　ここからは、実際の尋問のやり取りを見てみましょう。尋問はまず、否定側の反対尋問から始まります。

否定側：尋問

宿題のボリュームについてお聞きします。1回の時間的なボリュームはどのくらいでしょうか？

肯定側：回答

調査結果によると、30分程度となってます。

否定側：尋問

30分程度ですね？ まちがいないでしょうか？

肯定側：回答

ハイ。まちがいありません。

解説　この質問の意図は、後で否定側（ネコさん）が、反対立論や反駁をするにあたり、肯定側（イヌさん）が主張する、「宿題によって自

分の時間が削られてしまう」という根拠が成り立たないことを主張するための質問です。つまりネコさんは、1回の宿題のボリュームが30分程度であれば、それほど時間を削られない（時間的負担は大きくない）のではないかという否定側の主張をするための材料を集めようとしているのです。

否定側：尋問

「本来やりたい勉強の時間が取りにくくなる」という話がありましたが、この場合の「本来やりたい勉強」とは具体的にどういった勉強を指すのでしょうか？

肯定側：回答

苦手な勉強や受験勉強対策を指します。

否定側：尋問

つまり、宿題は苦手な勉強の克服や受験勉強の対策にはならないという解釈でよろしいでしょうか？

肯定側：回答

いえ、そういうわけではありません…。

否定側：尋問

どういうことでしょうか？

肯定側：回答

全てがそれに当てはまるわけではありませんが、多くはその対策にはならないということです。

否定側：尋問

それは何か具体的なデータなどがあるのでしょうか？

肯定側：回答

いえ、確認しておきます。

否定側：尋問

わかりました。では今の時点ではそれは主観ということでよろしいですね？

解説 さて、ここまでいかがでしょうか？ みなさんはどちらが優勢と感じましたか？ ここで否定側は、宿題は苦手な勉強の克服や受験勉強の対策にはならないという肯定側の解釈を確認しています。

　肯定側はそれに対し、全てがそうではないと回答しています。このとき、肯定側はその根拠となる客観的なデータや資料を示せれば問題なかったのですが、それを示すことができませんでした。これが否定側のねらいだったのです。

　つまり、肯定側の主張は主観であり、自分たちの主張の客観性を示すことができないということを認めさせたわけですね。

反対立論をしてみよう

☑ 反対尋問をふまえて、反対立論でさらに優位に立つ

否定側の反対尋問が終わると、次は、否定側による立論が始まります。先ほどの反対尋問で、肯定側を追い詰めましたが、この後どんなふうに展開していくのでしょうか。

■ 否定側：立論

まず宿題を廃止するデメリットについて説明します。そもそも宿題は、生徒に授業時間外での学習を促すことができる点が大きなメリットです。これをなくしてしまうことは、より深く学ぶという機会を失うことにつながります。これがデメリットです。

また、全国の公立中学校の宿題の現状を見ると、ボリューム的には30分かからないくらいの量だと言います。したがって、時間的にはそれほど大きな負担にはなりません。逆に宿題があることによって、限られた時間を計画的に使う習慣ができます。宿題をなくすとその機会も奪うことになってしまう可能性があります。

最後に、宿題があることによるメリットを、大きく2点挙げます。

1点目は、授業で学んだことの理解を深められるという点です。
2点目は、主体的に勉強をすることが身についてない生徒や、何を勉強したらよいかがわからない生徒にとっては、宿題があることによって勉強することが習慣化するという点が挙げられます。

以上のことから、私たちは宿題を廃止すべきではないと考えます。

解説 まず、肯定側（イヌさん）の「宿題は負担になる」という主張に対し、「負担にはならない」と述べ、自分の主張として、宿題のメリットをNLC法で述べていますね。

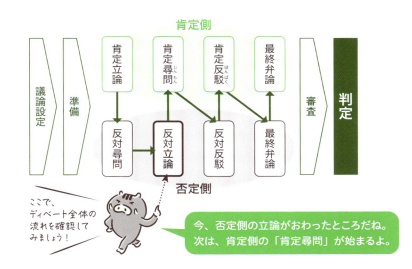

今、否定側の立論がおわったところだね。
次は、肯定側の「肯定尋問」が始まるよ。

肯定尋問をしてみよう

☑ **肯定側の反撃！　巻き返しなるか？**

否定側の立論が終わると、今度は肯定側の尋問（質問）が始まります。今のところ肯定側は不利な展開になっていますが、これの流れをどう転換するのかが見どころです。

▌ **肯定側：尋問**

宿題は30分程度のボリュームであれば時間的に負担にならないとの主張ですが、どの程度のボリュームなら負担になるとお考えでしょうか？　時間でお答えください。

▌ **否定側：回答**

日常的なことを考えると1時間以上のボリュームとなると負担になるかと思います。

▌ **肯定側：尋問**

1時間以上という根拠は何ですか？

▌ **否定側：回答**

まだ中学生の声は拾えていませんが、一般的な感覚値から考えても言えることではないかと思います。

肯定側：尋問

なるほど。特に根拠はないわけですね。ただ1時間以上であれば宿題は負担になるということですね。

否定側：回答

はい。そうです。

肯定側：尋問

宿題は主体的に勉強をすることが身についてない生徒や、何を勉強したらよいかがわからない生徒にとってはメリットがあるという理解でよろしいでしょうか？

否定側：回答

はい。それが大きなメリットと言えます。

解説 否定側の立論は「宿題を廃止すべきではない」という主張であり、「そもそも宿題にそこまでの時間的負担はない」と訴えています。これに対し肯定側は、どの程度のボリュームなら生徒の負担になるのか、あえて具体的な時間で示すよう質問しています（クローズド・クエスチョンですね）。この質問には、この後の反駁で、自分たちが論じ返すための根拠を否定側から引き出すという意図があります。

また、2つ目の質問は、「宿題は主体的に勉強をすることが身についてない生徒や、何を勉強したらよいかがわからない生徒にとってはメリットがある」と、否定側が言ったことをあえて確認しています。

この質問のポイントは、裏を返すと全ての生徒にとってメリットがあるわけではないということを、否定側に認めさせていることです。

このように、すべての質問には次の展開で自分を有利にするという目的があるのです。

5時間目 反駁をしてみよう

✓ 前半戦をふまえての論じ返し（再主張）

前ページまでが前半戦です。この後、インターバル（作戦会議）の時間があり、後半戦では、前半戦をふまえてそれぞれの主張を再度展開していきます。

否定側：反駁(はんばく)

肯定側は、宿題を廃止することで、生徒が本来やりたい勉強や自分の好きなことに費やす時間が取れるということを前提に立論されていましたが、そもそもその前提がまちがっています。

その理由について2つ説明します。

ひとつ目は、宿題によって自分の時間が削(けず)られてしまうとのことですが、全国の公立中学校における宿題の現状を見てみると、ボリューム的には30分はかからないくらいの量だと言います。30分程度であれば、自分の時間を削られるとまでは言えないのではないでしょうか。

否定側：反駁（続き）

2つ目は、宿題は苦手な勉強の克服や受験勉強の対策にはならないということですが、その根拠を示す客観的な資料やデータが見られません。

また、宿題は受験対策や苦手な勉強の克服というよりも、日々の学習の理解度を深める意味合いもあるかと思います。したがって、この理由からは宿題を廃止すべきという根拠には結びつかないと思います。

> **解説** 30分程度の宿題はさほど負担ではなく、宿題を廃止するほどの理由にはならないことを再度主張。また、肯定側の情報不足を指摘していますね。

肯定側：反駁

否定側からの主張に、宿題のボリュームが30分程度であればそれ程負担にならないという話がありましたが、確かに1教科だけで見ると30分程度となりますが、宿題は1教科だけとは限りません。2～3教科同時に出た場合は、1時間～1時間半の時間がかかります。

また、先ほどの質問の回答で、1時間以上のボリュームの場合は負担になるということを否定側も認めていました。

否定側が挙げていた宿題のメリットの2点について、それぞれ反論します。

1点目の「授業で学んだことの理解を深められる」という点ですが、本来は授業内で理解できないのであれば、それを理解できるように授業を改善することが求められるはずです。

実際、教員の声として、「宿題を課したからといって生徒の学力が向上するとは限らない」といった意見があります。

2点目の「宿題は主体的に勉強をすることが身についてない生徒や何を勉強したらよいかがわからない生徒にとってはメリットがある」ということですが、裏を返すと一部の生徒に限られるということですよね。

であるならば、全ての生徒を対象とする宿題は必要ないのではないでしょうか。

解説 尋問で質問した内容をうまく活かして反駁していますね。逆に言えば、反駁でうまく利用することを想定して、自分たちに都合のよい答えを相手から引き出したのです。

以上、否定側、肯定側それぞれの立場からの反駁を見てきました。

それぞれの反論に説得力があり、納得いく主張のような気がします。この後は、最終弁論へと進んでいきます。

5 時間目

最終弁論をしてみよう

✓ 否定側、肯定側、それぞれの最後の主張

　最終弁論では、これまでのやり取りや流れをふまえ、自分たちの立論がより優れているということを示します。

　ポイントは、これまでの主張のどこに重点を置き、その主張の優位性を示せるかです。

否定側：最終弁論

確かに宿題は1教科に限定されたものではなく、複数の教科で同時に出た場合は、1時間以上の時間を費やされ、負担は大きくなりますが、それによって限られた時間をいかにうまく管理し、自分の時間を作るかというスキルが身につきます。

また、生徒は授業の内容をわかったつもりでも、宿題で改めて確認することによって、「つもり」ではなく、本当の理解へと結びつきます。

宿題は、教師にとっても、生徒の理解度を確認できるというメリットがあります。それをふまえて、今後は生徒の理解度に応じて宿題を出すということも、効果として期待できます。

以上のことから、改めて宿題はなくすべきではないと考えます。

肯定側：最終弁論

すでに否定側も認めているとおり、宿題は生徒にとって時間的負担が大きいことはまちがいありません。

学びを深めるのであれば授業のやり方を改善すべきです。宿題を出すことが前提になることによって、逆に宿題ありきの授業になってしまっているとも言えます。

また、生徒、教師、保護者のそれぞれの意見でも一番多いのが、時間に関するデメリットです。

生徒であれば、「自分がやりたい勉強の時間を奪われる」「寝る時間が短くなる」「他にやりたいことができなくなる」

教師からは、「宿題の確認に時間を要する」

保護者からは、「宿題に追われ睡眠時間や他の時間が削られるのを見るとつらい」

といった声があります。
これらは、いずれも時間に関する問題です。

これらの声からも、宿題は生徒たちにとって時間的負担が大きいということがご理解いただけたのではないでしょうか。

> **解説** 否定側は、宿題によって時間管理スキルが身につくこと、先生が生徒の理解度を把握したり、理解度別に宿題が出せるようになるといったメリットを挙げていますね。肯定側は、宿題は生徒だけでなく、保護者や先生にとっても負担になっている点を主張し、宿題を出すよりは授業を改善するべきだと述べています。

アイコンタクトの活用

　4時間目で、人前で話すときの表現力について話しましたが、もうひとつ加えたいのが「アイコンタクト」です。アイコンタクトをうまく使えると、聴き手の意識を引き付けたり、言葉に説得力が出るだけでなく、さまざまな効果があります。

　たとえば話しているときに、意識して聴いている人たちと目を合わせるようにすると、相手がしっかり聴いてくれているか、あるいは話の内容がしっかり伝わっているかを確認することができます。「あれ、伝わってなさそうだ」という人が多ければ、要点をもう一度くり返すといったこともできます。

　また、緊張するとつい早口になるものですが、まわりを見わたして聴く側ひとりひとりと目を合わせることで、気持ちが落ち着いて、自然と話のペースを落とすことができます。

　まくし立てるように一気に話してしまったときも、一呼吸置いて無言でアイコンタクトを取り、軽くうなずくことで、これまでのペースがリセットされ、落ち着いてスピーチに戻ることができます。

　「アイコンタクト→無言のうなずき」は、話にインパクトを持たせたいときにも非常に有効です。たとえば、「ここが一番大事」という内容を話した後に、切れ目なく次の話題に移るのではなく、「アイコンタクト→無言のうなずき」をやってみてください。言いたいことが強く印象に残るはずです。アイコンタクトは最初は恥ずかしいかもしれませんが、うまくいくとクセになるので、とにかくチャレンジしてみてください。

アイコンタクトの効果

1. 聴き手の意識を引き付ける
2. 言葉に説得力が出る
3. 相手の理解度が確認できる
4. 話すスピードが確認できる
5. 「アイコンタクト→無言のうなずき」で印象的に

勝敗を判定してみよう

5時間目で、ディベートを疑似体験しました。
いかがだったでしょうか。
6時間目ではいよいよ勝敗が決まります。
審判(しんぱん)は、何をどのように評価するのでしょうか。

| | 6 | 時間目 |

勝敗はどのように決まるの?

☑ より説得力・納得感がある側が勝ち

　肯定側と否定側それぞれの立論、尋問、反駁が一とおり終了しました。ここから、勝敗のジャッジ(判定)をします。

　1時間目に述べたとおり、ディベートでは必ず勝敗を決めます。これがディベートの特徴であり、おもしろさでもあります。

　では、判定は何によって決まるのでしょうか。

　簡単に言うと、肯定側と否定側の主張・議論のどちらに説得力があり、納得感を得られたかで決まります。

　その判断は審判が下します。基本的には、肯定側の主張(プラン)を採用するとプラスになると思えば肯定側の勝ち。プラスにならないと思えば否定側の勝ちとなります。

　5時間目の例で言えば、「宿題を廃止したほうがプラスになる」と思えば肯定側の勝ち、「宿題を廃止することはプラスにならない」と思えば否定側の勝ちとなります。

　ちなみに、現状維持で良い(今のまま変えなくて良い)と判断された場合は否定側の勝ちとなります。

　引き分けの場合はどうなるのでしょうか。どちらの主張も互角(同じくらい)のときは、否定側の勝ちとなります。

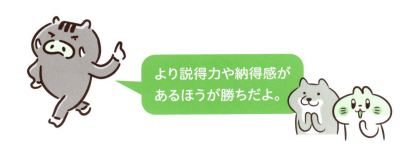

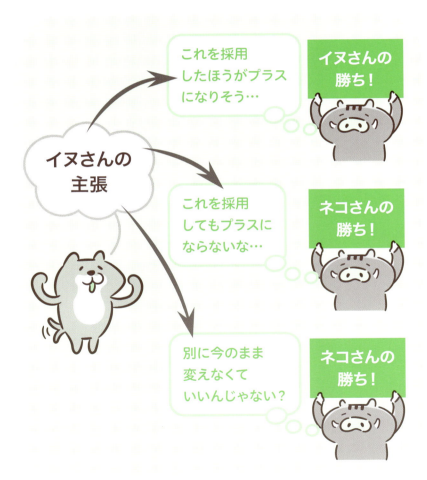

6 時間目

審判に求められること

☑ 中立公正でなければならない

　ディベートの勝敗を決めるのは審判です。判定に関するすべての権限は審判にあります。だからこそ、審判は必ず中立公正でなければなりません。審判には、感情を抜きにして客観的に判断することが求められます。

　判定は立論だけでなく、尋問への対応、反駁、最終弁論の全体を通しての優劣によって判断します。したがって審判は、ディベート中、どちらが優勢かチェックシートに採点を書き込んだり気づいたことをメモしたりしながら聴いています。判定後、最終ジャッジの根拠をフィードバックする際に、このチェックシートが役に立ちます。

審判の心得
一、中立でなければならない
一、公正でなければならない
一、感情や好みで判断してはいけない
一、客観的に評価しなければいけない

■ チェックシート

1 肯定立論（こうてい）

内容についての評価
　○良い　△普通　✕もう一息
【コメント】- - - - - - - - - - - - - - - - - - -

2 反対尋問

否定側の質問についての評価
　○良い　△普通　✕もう一息
肯定側の対応についての評価
　○良い　△普通　✕もう一息
【コメント】- - - - - - - - - - - - - - - - - - -

3 反対立論

内容についての評価
　○良い　△普通　✕もう一息
【コメント】- - - - - - - - - - - - - - - - - - -

4 肯定尋問

肯定側の質問についての評価
　○良い　△普通　✕もう一息
否定側の対応についての評価
　○良い　△普通　✕もう一息
【コメント】- - - - - - - - - - - - - - - - - - -

5 反対反駁

内容についての評価
　○良い　△普通　✕もう一息
【コメント】- - - - - - - - - - - - - - - - - - -

6 肯定反駁

内容についての評価
　○良い　△普通　✕もう一息
【コメント】- - - - - - - - - - - - - - - - - - -

7 最終弁論

否定側最終主張のポイント
【メモ】

肯定側最終主張のポイント
【メモ】

8 全体評価

肯定側VS否定側の最終ジャッジ（どちらの勝ち？）

勝敗のポイント

6時間目　勝敗を判定してみよう

113

6 時間目

判定はこうして行われる!

☑ 立論、尋問、反駁、最終弁論の
　それぞれで優劣を見る

❶ それぞれの主張（立論）を整理

　肯定側・否定側、それぞれの立論の中で、一番言いたいこと、ポイントは何かを改めて整理し、以下のポイントに基づいてどちらが優位だったかを比較検討します。

判定のポイント

▶ 主張の根拠や理由は明確だったか？　わかりやすかったか？
▶ 客観的事実やデータに基づいた主張となっていたか？

❷ 立論・尋問・反駁・最終弁論をそれぞれ判定

　立論のみでなく、議論の展開を振り返り、尋問、反駁、最終弁論のそれぞれの段階で、優劣を確認していきます。

5時間目の尋問を判定してみよう

▶ 肯定側・否定側のそれぞれの尋問による指摘は的確だったか？
▶ 肯定側・否定側のそれぞれの尋問への対応は的確だったか？
▶ 尋問によるやり取りは、肯定側・否定側のどちらが優位だったか？

■ 否定側：尋問
それは何か具体的なデータなどがあるのでしょうか？

■ 肯定側：回答
いえ、確認しておきます。

　否定側は、肯定側の主張についてその根拠を求めましたが、それに対し肯定側は、客観的なデータや資料を示すことができませんでした。

　これは否定側のねらいどおりでした。「肯定側の主張は主観であり、自分たちの主張の客観性を示すことができない」ということを認めさせた点は、否定側が優位と言えるでしょう。

　一方、肯定側の尋問もなかなか鋭い指摘をしています。

　否定側は、「そもそも宿題にそこまでの時間的負担はない」と訴えています。これに対し肯定側は、どの程度のボリュームなら生徒の負担になるのか具体的な時間で示すよう質問し、「1時間以上」と相手に言わせています。

■ 肯定側：尋問　　　　　■ 否定側：回答

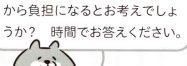
宿題はどの程度のボリュームから負担になるとお考えでしょうか？　時間でお答えください。

1時間以上のボリュームとなると負担になるかと思います。

　さらに肯定側は、「宿題は主体的に勉強をすることが身についてない生徒や何を勉強したらよいかがわからない生徒にとってはメリットがある」ということをあえて確認することで、裏を返すと「全ての生徒にとってメリットがあるわけではない」ということを否定側に認めさせています。
　これは反駁の好材料を得たことになり、肯定側が優位と言えるでしょう。

■ 肯定側：尋問　　　　　■ 否定側：回答

宿題は主体的に勉強をすることが身についてない生徒や、何を勉強したらよいかがわからない生徒にとってはメリットがあるという理解でよろしいでしょうか？

はい。それが大きなメリットと言えます。

　このやりとりを見て、どう感じましたか？　否定側も肯定側もなかなかやりますね。判定は非常にむずかしいです。

したがって、尋問についての判定は五分五分。引き分けというジャッジになりました。

5時間目の反駁を判定してみよう

▶ 肯定側・否定側それぞれ論じ返しができていたか？
▶ 肯定側・否定側のどちらに説得力があったか？（納得できたか）

否定側、肯定側の主張のポイントを改めて整理してみましょう。

否定側 のポイント

- 宿題の現状を見ると、ボリューム的には30分はかからない程度。であれば、自分の時間を削られるとまでは言えない。
- 宿題は苦手な勉強の克服や受験勉強の対策にはならないということだが、その根拠を示す客観的な資料やデータが提示されていない。
- 宿題は日々の学習の理解度を深める意味もある。

肯定側 のポイント

- 1教科だけで見ると30分程度だが、宿題は1教科とは限らない。2教科、3教科同時に出た場合は1時間以上の時間がかかる。
- 1時間以上の宿題は負担になることを否定側も認めていた。
- また、宿題で学習の理解を深めるのでなく、授業内で理解できる

ように授業内容を改善すべきである。
- 「宿題を課したからといって生徒の学力が向上するとは限らない」という教師の意見もある。
- 「宿題は主体的に勉強をすることが身についてない生徒や何を勉強したらよいかがわからない生徒にとってはメリットがある」という主張は、裏を返すとメリットは一部の生徒に限られるということ。であれば、全ての生徒に宿題が必要であるとは言えない。

否定側、肯定側、それぞれ説得力のある反駁（論じ返し）が見られますね。しかし、「根拠」と「説得力」という観点から見ると、肯定側の主張に納得感があります。

一番のポイントは、「30分程度の宿題は負担かどうか」という点に焦点を当てたところでしょう。

5時間目の最終弁論を判定してみよう

判定のポイント

▶ 肯定側・否定側の再主張をふまえ、
最終的にはどちらのメリットのほうが大きかったか？

それぞれの最終弁論のポイントを整理してみましょう。

否定側のポイント
- 確かに宿題は複数の教科で同時に出た場合は、1時間以上の時間を費やされ負担は大きくなるが、それによって限られた時間をう

まく管理し、自分の時間をいかにつくるかというスキルが身につく。
- 生徒本人はわかったつもりでいても、宿題によって改めて「つもり」ではなく本当の理解へと結びつく。教師にとっても、各生徒の理解度を確認できるというメリットがある。

肯定側 のポイント

- 反対側も認めているとおり、宿題は生徒にとって時間的負担が大きいことはまちがいない。
- 学びを深めるのであれば授業のやり方を改善すべきだ。宿題が前提にあることによって、宿題ありきの授業になっているとも言える。
- 生徒、教師、保護者の意見でも一番多いのが、時間に関するデメリットである。

　どちらの主張にも合理性があり、説得力がありますが、やはり否定側が「1時間以上の宿題は負担になる」と認めてしまったことは肯定側に有利になりました。

　また、肯定側が最後に生徒、教師、保護者の声を裏付けとして取り上げたことも、肯定側の主張を後押ししました。

　これらのことから、「宿題は廃止すべきである」と主張する肯定側のメリットのほうが大きいと言えます。よって、肯定側の勝ちとします。

　以上のような流れで、どちらの主張がより説得力・納得感があったかを総合的に比較し、審判が判定を下します。

6
時間目

勝敗を判定してみよう

6 時間目

フィードバックでしめくくろう

✅ 良かったところや改善点を確認する

　肯定側・否定側の勝敗の判定をした後は、今回のディベートについてのフィードバック（講評、振り返り）を行います。

　審判は、全体の議論を通して、肯定側・否定側のそれぞれの良かった点・悪かった点、改善点などのアドバイスやコメントを述べます。

　また、何が判定のポイントになったのか、具体的にその理由を述べます。そして最後は勝敗を告げ、お互い握手をもって終了となります。

最終フィードバックの例

否定側 のフィードバック

　尋問において、肯定側の主張についてその根拠を指摘しましたが、それに対し肯定側は、客観的なデータや資料を示すことができませんでしたね。この否定側のねらいはとても良かったと思います。肯定側の主張は主観であり、自分たちの主張の客観性を示すことができないことを認めさせたという点はプラスのポイントとなりました。

　しかし、肯定側の尋問に対し、「1時間以上なら負担になる」という具体的な時間を示してしまったことは、肯定側の反駁へ好材料を与えてしまったかたちとなりました。

　また、肯定側は「宿題は主体的に勉強をすることが身についてない生徒や

何を勉強したらよいかがわからない生徒にとってはメリットがある」ということを確認してきましたが、これは認めざるを得ない尋問をした肯定側の上手さです。この上手さに乗せられてしまったところが否定側の主な敗因です。

✎ **改善** のポイント

宿題を廃止するデメリットについて、「時間的負担」を軸にせず、「学びや理解を深める」といった点に論点の比重を置き、もう少し客観的なデータや根拠を示し、主張できれば勝てたかも知れません。

肯定側 のフィードバック

　肯定側の勝因は、相手の立論から議論の焦点を絞り、尋問の時点で反駁までの組み立てができていたことです。

✎ **勝因** のポイント

▶ 否定側に宿題が負担になる具体的な時間を提示させた点
▶ 宿題が全ての生徒にメリットがあるわけではないという論点を提示した点
▶ (ダメ押しとして)生徒、教員、保護者の意見を示した点

　以上のことから、肯定側の主張するメリットのほうが、否定側の主張するデメリットを上回っていたと判断しました。よって肯定側の勝ちとします。

勝った肯定側 へのアドバイス

　今回は作戦どおり、否定側が時間的な負担という論点に乗ってきたので、勝つことができましたが、否定側がそこではなく、宿題の効果や意味に焦点を絞り、論理展開をしてきたとしたらどうなっていたでしょうか？　そこに対する具体的なデータや客観性を示せたでしょうか？　実際、ディベートの中で、宿題は苦手な勉強の克服や受験勉強の対策にはならないという根拠を示せませんでしたね。

　今後は、相手がどんなところを突いてくるかをもう少し想定し、準備しておくと良いでしょう。

勝ったから正しいわけではない

　ディベートの特徴は、自分の意思とは関係なく、機械的に肯定側・否定側に分かれ、討論し、必ず勝敗をつけるところにある…ということはこの本の中でも何度もお伝えしてきました。

　この「必ず勝敗がつく」というところがディベートのおもしろさであり、討論やディスカッションとの大きな違いでもあります。

　ただし、かん違いしてほしくないのは、ディベートの勝敗は、あくまでもどちらの主張が説得力があったか？ 納得感を得られたか？ を問うものであり、勝ったから正しい、負けたからまちがいということではない、ということ。

　あくまでもそのディベートの試合の中だけの勝敗であり、主張や論理が社会的に正しいかどうかはまた別の問題です。

　また、そのときのディベートでは勝敗がついたとしても次のディベートではどちらが勝つかはわかりません。

　したがって、必ず終了後はノーサイド。勝った側も負けた側もおたがいの健闘をたたえ合い、握手で終わります。これもディベートのすばらしいところです。

7時間目

ディベートから何を学ぶのか?

さて、いよいよ最後の授業の時間です。
ここまでみなさんよくがんばってついてきましたね。
この時間は、ディベートを学ぶ大事なポイントを
お伝えしてしめくくりとしたいと思います。

| 7 | 時間目 |

ディベートの目的とは

☑ 勝つことよりも大事なこと

■ 結果よりも、プロセスのほうが大事

ディベートの目的とは何でしょうか？　みなさんはどう思いますか？

「勝敗を決めるのだから、当然勝つことが目的である？」… 確かに、競技ですから勝つことを目指さないとおもしろくないですよね。

ただ、ディベートの勝敗はあくまでもそのときの結果でしかありません。勝つためにどのようなことをしてきたのか、そのプロセス（過程）のほうが何十倍も重要です。

■ いろいろなスキルが試される

ディベートは、「論題」（テーマ）が提示されてから、その論題について、いろいろな角度から情報を集め、整理し、そこから自分たちの主張を組み立てて論理武装していきます。

本来の自分の考えとは異なっていたとしても、自分の置かれた立場（肯定側か否定側か）に立って物事を観て、その立場になりきって考えていく。

そして、その考えをわかりやすく伝えられるよう整理（論理構築）し、

それを弁論という形で主張(立論)していく。

これで終わりではなく、相手の尋問に対応したり、相手の立論に対して尋問をしたりしなければなりません。的を射た尋問をするためには、傾聴力や集中力が要求されます。また、論じ返し(反駁)では、理にかなった反論をするスキルも必要となります。

ディベートの試合は、あくまでもこれらのスキルの競い合いであり、そのスキルがどのくらい身についているかを試し合う場です。

ですから、単に勝敗だけにこだわるのではなく、自分のどこが良かったのか、悪かったのか、何が課題で、何を改善すれば良いのかを振り返り、次につなげていくことのほうがずっと大事です。試合(ディベート)はそのための良い機会なのです。

《ディベートはスキルを競う場》

こんなスキルが身につく！

- 情報収集力
- 客観的・多面的なものの見方
- 論理的思考力
- わかりやすく伝える力
- 表現力　話を聴く力　質問力
- 集中力　説得力　など

ディベートは、いろんなスキルを競う場だよ。

お得だワン

ディベートを学ぶと自然とそれらのスキルが身につくとも言えるね。

ルールとモラル

　ディベートは、何度も述べたように、一定のルールに則って行われる競技（試合）です。試合である以上、ルールがあります。ルールを守ってさえいれば、どんな手を使っても許されます。

　が、そこにはモラル（道徳・倫理）というものも存在します。言葉を変えると、その人の姿勢、向き合い方（スタンス）というものも試合では問われます（56ページで述べた「エトス」ですね）。

　きれいごとに聞こえるかも知れませんが、このきれいごとこそが、私たちが守るべきもうひとつの見えないルールではないでしょうか。

　これはあらゆる競技のみならず、社会で生きていく上でも求められるものだと私は思います。

　最近は「違法でなければ何をしてもいい」と、自分本位なふるまいや迷惑行為をする人たちが後を絶ちません。仮に法に触れていなくても、モラル的にはどうでしょうか。問われるのは、その人たちの人間性（姿勢）ではないでしょうか。

　どんな競技であっても、信念と誠意を持ち、「フェアプレーの精神」で挑戦してほしい。そして、ディベートで培ったスキルを、学校や将来社会に出てからも、あらゆる場面で活かしてほしいと思います。

まとめ

◆ 勝つことより大事なのは何をしてきたか
◆ ディベートはスキルを磨き競う場
◆ 信念と誠意を持ちフェアプレーの精神で

おわりに

インターネットやAI（人工知能）の普及によって、私たちは自分で考えなくても簡単に答えらしきことが得られるようになりました。

しかしこれをくり返していくと、私たちは自分自身で深くものごとを考えることができなくなってしまうのではないでしょうか。

何が正しいのか、本当にこれが答えなのかと、立ち止まって考えたり疑ったりすることなく情報を受け入れてしまうのは、とても恐ろしいことです。

また、SNSで自分と興味や関心が似た人とばかりつながることによって、「自分と異なる意見や考え方を許容できない」「人の話を聞けない」、「異なる意見は否定し、感情的にしか話せない」人が増えていると言われています。

一方ディベートでは、論題に対し情報を集め、自分自身で考え、その考えを自分の言葉で伝えることが求められます。また、相手の話をよく聴くことも必要であり、それに対する質問や矛盾点を突くといったスキルも求められます。

言ってみれば、今の私たちがだんだん苦手になっているスキルを知らず知らずのうちに学ぶことができるのが、ディベートなのです。

自分自身で感じ、考えられる想像力・思考力は、常にものごとを多面的に見ることから始まります。ディベートを通して、みなさんが自分で考え、判断できる大人になれるお手伝いが少しでもできたなら幸いです。

さぁ、ここからディベートのスキルを活かしていきましょう！

明日に全力！　夢を勝ち取れ！

名和田　竜

【著者】名和田 竜（なわた りょう）

相模女子大学非常勤講師、東京国際工科専門職大学非常勤講師
経営戦略コンサルタント＆コミュニケーション・ディベーター
マーケティングと心理学を軸に人材教育・経営・営業・コミュニケーション
戦略を指導する専門家。大学卒業後、広告代理店にて営業・プランナーとし
て数多くの成功企画を手掛ける。雑誌・TVなどにも取り上げられた企画多数。
その後、戦略コンサルタントとして独立。これまで指導してきた人数は全国
各地で延べ5,000人を超え、学生から新人～経営者まで幅広い層から支持され
ている。近年、従来の競争戦略論に限界を感じ、今の時代に適応する「持続可
能な顧客との関係性づくり」に主眼を置いた戦略理論「SRマーケティング」を
体系化（24年相模女子大学学科研究誌へ論文寄稿）。また、マーケティングや
営業活動に心理学を取り入れた営業コミュニケーション心理術も高い評価を
受けている。現在さらなる専門知識を修得すべく通信制大学にて心理学を専
攻中。生涯学習として10年以上取り組んでいる「戦国武将・幕末維新に学ぶシ
リーズ」も人気講座として定着。

▪ 新陰流居合道・歴史・武道の研究をライフワークとし日々探求中
▪ JADP認定上級心理カウンセラー、学術団体戦国史研究会会員

【主な著書】

『ジャパネットたかた すごい戦略』（あさ出版）、
『しくじり企業も復活する7つの大原則』（ビジネス社）他多数

■ 編集・制作：有限会社イー・プランニング
■ 編集協力：石井栄子
■ イラスト：イラスト STAMPO
■ DTP/ 本文デザイン：大野佳恵

13歳からのディベートスキル
ロジカルな考え方・話し方が身につく本

2024年9月10日　第1版・第1刷発行

著　　者	名和田 竜（なわた りょう）
発 行 者	株式会社メイツユニバーサルコンテンツ
	代表者　大羽 孝志
	〒102-0093　東京都千代田区平河町一丁目1-8
印　　刷	シナノ印刷株式会社

◎「メイツ出版」は当社の商標です。

●本書の一部、あるいは全部を無断でコピーすることは、法律で認められた場合を除き、
　著作権の侵害となりますので禁止します。
●定価はカバーに表示してあります。
©名和田竜, イー・プランニング, 2024.ISBN978-4-7804-2946-6 C6034 Printed in Japan.

ご意見・ご感想はホームページから承っております。
ウェブサイト　https://www.mates-publishing.co.jp/

企画担当：清岡香奈